101 PLATOS MEDITERRÁNEOS

D0896388

Título original: *101 Mediterranean Dishes*

Primera publicación por BBC Books, un sello de
Ebury Publishing, una división de Random House
Group Ltd, 2008

© 2008, Woodlands Books , por la edición original
© 2008, *BBC Good Food Magazine*,
    por las fotografías
© 2009, Random House Mondadori, S.A.,
    por la presente edición.
    Travessera de Gràcia, 47-49. 08021 Barcelona
© 2009, Lola Navío Martínez, por la traducción

Editora: Lorna Russel
Editora de proyecto: Laura Higginson
Diseño: Annette Peppis
Producción: David Brimble
Búsqueda iconográfica: Gabby Harrington
y Natalie Lief

Fotocomposición: Compaginem

ISBN: 978-84-253-4274-5

Impreso en Gráficas 94, S. L.
Sant Quirze del Vallès (Barcelona)

Depósito legal: B. 48.210-2008

G R 4 2 7 4 5

101 PLATOS MEDITERRÁNEOS

Angela Nilsen

Grijalbo

Sumario

Introducción

Experimentar y degustar los beneficios de la cocina mediterránea es ahora más sencillo, pues cada vez hay más variedades de ingredientes mediterráneos disponibles, pues los aceites de oliva afrutados, las verduras asadas, el cuscús, los múltiples quesos, y los diferentes pastas y panes.

Entre las cocinas preferidas del equipo de *Good Food* figuran la italiana, la española, la griega y la del norte de África, y muchas de las recetas de *BBC Good Food Magazine* muestran lo versátiles que son. Con frecuencia se recurre a ellas para preparar carnes, pescados y mariscos a la parrilla y comidas rápidas y saludables. Para completar la colección, se incluyen recetas que aprovechan la diversidad de ingredientes de cada temporada, de modo que se pueden encontrar platos de ensalada y de verdura de gran colorido, sopas frescas apropiadas para los calurosos veranos, pasteles y helados de jugosas frutas, y tapas sencillas y deliciosas.

Cada receta está acompañada de una lista con sus propiedades nutricionales, de manera que el lector pueda valorar sus beneficios para la salud. Además, su excelente sabor está garantizado, ya que todas han sido eleboradas y probadas antes por el equipo. Por tanto, leer y poner en práctica estas recetas supone adentrarse en un mundo culinario relajado y placentero.

Angela Nilsen
BBC Good Food Magazine

Notas y tablas de conversión

NOTAS SOBRE LAS RECETAS
• Lavar bien todos los productos frescos antes de su preparación.
• Las recetas aportan un análisis nutricional sobre el «azúcar», es decir, el contenido total de azúcar incluido el de los propios alimentos, a no ser que se especifique lo contrario.

TEMPERATURA DEL HORNO

Gas	°C	°C convección	Temperatura
¼	110	90	Muy fría
½	120	100	Muy fría
1	140	120	Fría o suave
2	150	130	Fría o suave
3	160	140	Tibia
4	180	160	Moderada
5	190	170	Moderada caliente
6	200	180	Bastante caliente
7	220	200	Caliente
8	230	210	Muy caliente
9	240	220	Muy caliente

MEDIDAS DE LAS CUCHARADAS
Las cucharadas serán rasas, salvo indicación contraria.
• 1 cucharadita = 5 ml
• 1 cucharada = 15 ml

RECETAS

Si no se dispone de una lata de tomate con pimentón, usar una de tomate triturado y añadirle una pizca de pimentón picante.

Canelones de espinacas y queso feta

4 hojas grandes de lasaña
    no precocinadas
1 kg de espinacas congeladas,
    previamente descongeladas
200 g de queso feta bajo en calorías
una buena pizca de nuez
    moscada recién molida
un buen puñado de aceitunas sin
    hueso y troceadas
1 cucharada de alcaparras, escurridas
400 g de tomate triturado de lata
25 g de queso parmesano

35 minutos, más el tiempo de
descongelado • 4 raciones

1 Precalentar el horno a 200 °C/gas 6/ convección 180 °C. Poner las hojas de lasaña en un recipiente grande y cubrirlas con agua hirviendo. Remojarlas durante 5 minutos o el tiempo que indique el envase.
2 Mientras tanto, escurrir las espinacas lo máximo posible y mezclarlas con el queso feta y la nuez moscada, y sazonar. Escurrir la pasta y cortar cada hoja por la mitad en vertical. Distribuir cuatro cucharadas del relleno en el centro de cada mitad y enrollar las mitades para cerrarlaa. Disponerlas en una fuente de horno untada con mantequilla.
3 Mezclar las aceitunas, las alcaparras y el tomate en un cuenco, sazonar y esparcir sobre los canelones. Espolvorear el queso parmesano, cubrir la fuente con papel de aluminio y hornear durante 20 minutos.

• Cada ración contiene: 274 kilocalorías, 22 g de proteínas, 22 g de carbohidratos, 12 g de grasa, 5 g de grasas saturadas, 8 g de fibra, 7 g de azúcar, 3,54 g de sal.

Para lograr un plato más sustancioso, añadir una patata. Pelar y cortar una patata mediana en cuñas y asarla junto al pollo y los pimientos.

Pollo de verano

2 pimientos rojos
2 puñados grandes de hojas
    de albahaca, troceadas
1 diente de ajo laminado
2 tomates de pera, partidos por la mitad
2 muslos de pollo
2 cucharadas de aceite de oliva
    virgen extra
410 g de alubias de lata, lavadas
    y escurridas

35-40 minutos • 2 raciones

1 Precalentar el horno a 220 °C/gas 7/ convección 200 °C. Cortar los pimientos por la mitad en vertical y retirar las semillas y la membrana blanca. Intentar que el tallo no se desprenda. Rellenar las mitades de pimiento con la albahaca (no usarla toda), el ajo y la mitad de un tomate.
2 Disponer los pimientos rellenos al lado del pollo en una bandeja para horno. Rociar aceite sobre los ingredientes y sazonar. Asar durante 25-30 minutos hasta que el pollo esté dorado y los pimientos estén tiernos y arrugados. Pasar los alimentos a un plato, escurriendo los jugos del pimiento en una bandeja.
3 Añadir a la bandeja un poco de agua y las alubias y calentar. Remover junto con la albahaca restante y servir junto al pollo y los pimientos.

• Cada ración contiene: 620 kilocalorías, 42 g de proteínas, 29 g de carbohidratos, 38 g de grasa, 10 g de grasas saturadas, 9 g de fibra, 13 g de azúcar, 1,49 g de sal.

En este plato es muy importante usar un caldo de primera calidad, se recomienda escoger el que tenga menos sal.

Risotto con pimientos asados y mascarpone

50 g de mantequilla sin sal

1 cebolla pequeña pelada y cortada en juliana

1 diente de ajo machacado

2 pimientos de tarro rojos o amarillos, cortados en tiras

175 g de arroz para risotto, por ejemplo de la variedad arborio

1 l de caldo de verduras o de pollo puesto a hervir a fuego lento en una cazuela

50 g de panceta cortada en dados

1 cucharada de aceite de oliva

2 cucharadas de hojas de perejil, muy picadas

3 cucharadas de queso mascarpone

50 g de queso parmesano recién rallado, y un poco más para servir

1 cucharada de cebollino troceado con las tijeras, para decorar

1 hora 15 minutos • 2 raciones

1 Fundir la mantequilla en una cazuela grande y de base gruesa. Sofreír la cebolla a fuego lento durante 10 minutos. Añadir el ajo y tres cuartas partes de los pimientos, y pochar durante 3 minutos. Luego agregar el arroz y tostarlo removiendo durante unos 5 minutos. Verter un cucharón de caldo caliente y remover.

2 Incorporar gradualmente el caldo y remover constantemente hasta que los granos estén firmes e hinchados. Mientras tanto, en otra cazuela, sofreír la panceta en aceite de oliva hasta que esté dorada y crujiente.

3 Cuando el arroz esté al dente, retirarlo del fuego y mezclarlo con el resto de ingredientes. Tapar y dejar reposar unos 3 minutos antes de servir. Decorar con el cebollino y ofrecer más queso parmesano a los comensales.

• Cada ración contiene: 895 kilocalorías, 27 g de proteínas, 83 g de carbohidratos, 53 g de grasa, 28 g de grasas saturadas, 5 g de fibra, 0 g de azúcar añadido, 3,33 g de sal.

Una vez hayas saboreado la deliciosa pizza casera,
no volverás a encargarla.

Pizza

PARA LA BASE
300 g de harina de fuerza
1 cucharadita de levadura instantánea
1 cucharadita de sal
1 cucharada de aceite de oliva virgen
    extra, y un poco más para rociar

PARA LA SALSA DE TOMATE
100 ml de tomate triturado
unas hojas de albahaca fresca
    o 1 cucharadita de seca
1 diente de ajo machacado

PARA CUBRIR
125 g de mozzarella cortada en láminas
un poco de queso parmesano rallado
unos tomates cherry partidos por la mitad

PARA DECORAR
unas hojas de albahaca

35 minutos • 2 pizzas para 4 raciones

1 Mezclar la harina, la levadura y la sal en una
fuente. Verter 200 ml de agua caliente y el aceite
una masa suave y húmeda. Amasarla durante
5 minutos en una superficie enharinada.
Cubrir y reservar. Mezclar la salsa de tomate,
la albahaca y el ajo y sazonar. Dejarla reposar
a temperatura ambiente.
2 Dividir la masa en dos bolas y estirarlas en
círculos de 25 cm. Disponer las pizzas en dos
bandejas de horno enharinadas.
3 Precalentar el horno a 240 °C/gas 9/
convección 220 °C. Colocar una bandeja
en la parte superior del horno. Cubrir las bases
con la salsa, el queso y los tomates, rociar el
aceite y sazonar. Poner una pizza en la bandeja
precalentada y hornear 8-10 minutos. Hornear
la otra pizza.

• Cada ración contiene: 431 kilocalorías,
19 g de proteínas, 59 g de carbohidratos,
15 g de grasa, 7 g de grasas saturadas,
3 g de fibra, 2 g de azúcar, 1,87 g de sal.

Un plato de pescado sabroso y muy sencillo de preparar.
Servirlo con pan crujiente para poder saborear la salsa.

Pescado con aceitunas negras y tomate

2 cucharadas de aceite de oliva
1 cebolla pelada y muy picada
¼ de cucharadita de chile en polvo
    (opcional)
400 g de tomate triturado de lata
1 cucharada de salsa de tomate
½ cucharadita de orégano seco
175 g de aceitunas negras sin hueso
4 filetes de pescado blanco sin espinas
    como el bacalao o la merluza, de
    unos 175 g cada uno
hojas de perejil fresco picado
    para decorar
1 limón cortado en rodajas para servir

25-30 minutos • 4 raciones

1 Precalentar el horno a 200 °C/gas 6/
convección 180 °C. Calentar una cucharada
de aceite en una cazuela refractaria. Añadir
la cebolla y el chile, si se usa, y sofreír durante
unos minutos, removiendo de vez en cuando.
Agregar el tomate triturado, la salsa de tomate,
el orégano y un poco de sal y pimienta. Llevar
a ebullición e incorporar las aceitunas.
2 Poner el pescado, con el lado de la piel
hacia abajo, sobre la salsa y rociar el aceite
restante. Cocer, sin tapar, en el horno durante
15 minutos hasta que el pescado esté hecho.
Espolvorear el perejil picado y servir con
las rodajas de limón para exprimirlo sobre
el pescado.

• Cada ración contiene: 286 kilocalorías,
34,1 g de proteínas, 5,6 g de carbohidratos,
14,3 g de grasa, 1,9 g de grasas saturadas,
3,6 g de fibra, 4,4 g de azúcar, 1,16 g de sal.

Un toque diferente en una receta tradicional,
ideal para los no carnívoros.

Albóndigas de atún a la italiana

300 g de atún en aceite de girasol
o de oliva, escurrido (reservar
un poco de aceite)
un puñadito de piñones
la corteza recién rallada de 1 limón
un puñadito de hojas de perejil
muy picado
50 g de pan recién rallado
1 huevo batido
400 g de espagueti
500 g de salsa de tomate en conserva

20 minutos • 4 raciones

1 Desmenuzar el atún en un cuenco y añadir
los piñones, la corteza de limón, el perejil,
el pan rallado y el huevo. Sazonar y remover
con las manos hasta que los ingredientes estén
completamente mezclados.

2 Con la masa obtenida formar 12 bolas del
tamaño de una nuez. Llevar a ebullición agua
con sal en una cazuela y cocer los espaguetis
el tiempo que indica el envase.

3 Calentar el aceite del atún en una sartén
grande antiadherente y freír las albóndigas
durante 5 minutos, dándoles la vuelta para que
se doren uniformemente. Escurrirlas en papel de
cocina. Calentar la salsa de tomate y mezclarla
con la pasta y con las albóndigas de atún.

• Cada ración contiene: 594 kilocalorías,
35 g de proteínas, 92 g de carbohidratos,
12 g de grasa, 2 g de grasas saturadas,
4 g de fibra, 8 g de azúcar, 1,42 g de sal.

Una cena rápida para un día muy ocupado. Si no se incluye el beicon, será un plato vegetariano.

Tortilla rápida de verduras y queso fresco

100 g de beicon o de panceta cortado en trocitos

1 cucharada de aceite de oliva

2 calabacines grandes cortados en trozos

350 g de maíz dulce congelado

400 g de espinacas congeladas, previamente descongeladas y escurridas

8 huevos

150 g de queso fresco con ajo y hierbas bajo en grasa

30 minutos, más el tiempo del descongelado • 4 raciones

1 Sofreír el beicon o la panceta en el aceite en una sartén grande antiadherente hasta que empiece a dorarse. Remover junto con los calabacines y rehogar durante unos minutos hasta que empiecen a estar tiernos. Agregar el maíz y las espinacas, sazonar si se prefiere y calentar.

2 Precalentar el gratinador a fuego medio. Batir los huevos y verterlos sobre las verduras. Desmenuzar el queso por encima y cocer a fuego lento hasta que los bordes del huevo estén cuajados, proceso que tardará unos 5 minutos.

3 Poner la tortilla bajo el gratinador hasta que el huevo esté cuajado y la superficie esté ligeramente dorada. Cortar en cuñas y servir con una ensalada verde.

• Cada ración contiene: 540 kilocalorías, 29 g de proteínas, 18 g de carbohidratos, 40 g de grasa, 16 g de grasas saturadas, 4 g de fibra, 5 g de azúcar, 1,62 g de sal.

Para darle un toque diferente, colocar tiras de jamón debajo
de los pimientos y esparcir sobre el pastel piñones tostados.

Tarta de tomate y mozzarella
con pimientos asados

375 g de pasta de hojaldre precocinada
85 g de queso parmesano rallado
450 g de pimientos rojos asados
    enteros, en conserva
aceite de oliva para pintar y rociar
    (el aceite de albahaca también
    es apropiado)
2 paquetes de 125 g de bolas
    de mozzarella, escurridas
4-5 tomates medianos maduros,
    cortados en láminas
hojas de albahaca para decorar

25-30 minutos • 6 raciones

1 Precalentar una bandeja para horno
a 220 °C/gas 7/convección 200 °C. Forrar
con la pasta una bandeja de 20 x 30 cm
y pinchar ligeramente la base con un tenedor.
2 Espolvorear el queso parmesano sobre la
base de la pasta. Escurrir los pimientos enteros
y disponerlos a lo ancho encima del queso.
Si los pimientos no están conservados en
aceite, untar tanto los pimientos como la pasta
con un poco de aceite y sazonar. Hornear
durante 15 minutos hasta que la pasta suba
y esté dorada.
3 Cortar la mozzarella en rodajas y alternar tiras
de tomate y de queso encima de los pimientos.
Rociar con aceite, espolvorear la albahaca
y un poco de pimienta negra. Servir al momento.

• Cada ración contiene: 540 kilocalorías,
23 g de proteínas, 29 g de carbohidratos,
38 g de grasa, 17 g de grasas saturadas,
2 g de fibra, 0 g de azúcar, 2,54 g de sal.

Esta es una versión baja en calorías del plato tradicional, como la berenjena se cocina en el microondas, en lugar de freírla, se reduce la cantidad de aceite que normalmente absorbe.

La imprescindible musaka

500 g de ternera magra picada
1 berenjena grande
150 g de yogur griego
1 huevo batido
3 cucharadas de queso parmesano
   muy molido
400 g de tomate triturado de lata
   con ajo y hierbas aromáticas
4 cucharadas de salsa de tomates
   secos
400 g de patatas hervidas que hayan
   sobrado, o 350 g de patatas sin
   cocer y hervidas posteriormente

30 minutos • 4 raciones

1 Precalentar el gratinador al máximo. Dorar la ternera en una sartén refractaria honda durante 5 minutos a fuego vivo.

2 Mientras tanto, pinchar la berenjena con un tenedor (para que no estalle) y ponerla en el microondas a máxima temperatura durante 3-5 minutos hasta que esté tierna. Mezclar el yogur, el huevo y el queso parmesano y sazonar un poco.

3 Remover la ternera con el tomate triturado, la salsa de tomate y las patatas, sazonar y calentar. Con una cuchara aplanar la superficie de la mezcla de ternera. Luego cortar en rodajas la berenjena asada, colocarla encima, y verter el yogur sobre la berenjena en una capa uniforme. Por último, añadir el queso parmesano molido y gratinar hasta que la parte superior esté hecha y se haya dorado.

• Cada ración contiene: 342 kilocalorías, 41 g de proteínas, 25 g de carbohidratos, 9 g de grasa, 4 g de grasas saturadas, 4 g de fibra, 6 g de azúcar, 0,97 g de sal.

Esta pizza también puede ser vegetariana, para ello solo hay que sustituir el atún por alcachofas marinadas o pimientos o berenjenas asadas, de tarro y de primera calidad.

Pizza de atún en 10 minutos

1 base fina de pizza de 23 cm
1 cucharada de salsa de tomate
1 diente de ajo, pelado y cortado
    en láminas
un puñado de aceitunas negras
    sin hueso
un buen puñado de tomates cherry,
    partidos por la mitad
1 cucharada de aceite de oliva
    para rociar
1 cucharada de alcaparras escurridas
200 g de atún de lata, escurrido
    y desmenuzado
unas hojas de albahaca

15-20 minutos • 2 raciones

1 Precalentar el horno a 230 °C/gas 8/ convección 210 °C. Extender la salsa de tomate sobre la base de la pizza. Repartir el ajo, las aceitunas, el tomate y la mitad del aceite.
2 Hornear durante 10 minutos hasta que los tomates empiecen a tomar un tono más oscuro y la masa se vea crujiente.
3 Retirar del horno, espolvorear las alcaparras, el atún y la albahaca, rociar el aceite restante y servir.

• Cada ración contiene: 322 kilocalorías, 25 g de proteínas, 38 g de carbohidratos, 9 g de grasa, 2 g de grasas saturadas, 2 g de fibra, 1 g de azúcar, 2,65 g de sal.

Una cena extraordinariamente sabrosa y sencilla para preparar cuando se dispone de poco tiempo. Servir con ensalada verde.

Cuscús con chorizo y garbanzos

250 g de cuscús
300 ml de caldo de verduras hirviendo
2 cucharadas de aceite de oliva
200 g de chorizo cortado en rodajas
1 cebolla pelada y cortada en láminas
1 cucharadita de pimentón dulce
400 g de garbanzos de lata escurridos
425 ml de caldo de pollo
perejil fresco picado para servir

25-30 minutos • 4 raciones

1 Poner el cuscús en un recipiente grande, verter el caldo hirviendo y remover. Cubrir con un plato o con papel transparente y dejar reposar durante 5 minutos hasta que se haya absorbido todo el líquido. A continuación, separar los granos con un tenedor.
2 Calentar el aceite de oliva en una cazuela grande y saltear el chorizo durante 3-4 minutos. Retirarlo con una espumadera y reservarlo. Agregar la cebolla en el mismo aceite de la cazuela y sofreír durante 5-6 minutos hasta que esté translúcida.
3 Añadir el pimentón y sofreír durante 1 minuto, luego verter el caldo de pollo y los garbanzos. Volver a echar el chorizo en la cazuela y cocer a fuego lento durante 2 minutos. Esparcir la mezcla sobre el cuscús y espolvorear el perejil picado.

• Cada ración contiene: 424 kilocalorías, 18 g de proteínas, 46 g de carbohidratos, 20 g de grasa, 5 g de grasas saturadas, 3 g de fibra, 0 g de azúcar, 1,69 g de sal.

La polenta es un ingrediente clásico de la cocina italiana, pero se puede sustituir por patata sin piel, cortada en trozos pequeños.

Pollo italiano con polenta

500 g de polenta lista para usar
25 g de queso parmesano rallado
2 pechugas de pollo, deshuesadas
    y con piel
250 g de tomates cherry
unas ramitas de romero fresco
    troceadas
1 diente de ajo laminado
2 cucharadas de aceite de oliva
ensalada verde para servir

30 minutos • 2 raciones

1 Precalentar el horno a 220 °C/gas 7/ convección 200 °C. Desmenuzar la polenta y esparcirla en la base de una bandeja de horno. Espolvorear el queso parmesano y mezclar.
2 Disponer encima de la polenta las pechugas de pollo, los tomates cherry, el romero y el ajo, rociar el aceite de oliva y sazonar al gusto.
3 Asar en el horno durante 25 minutos hasta que la piel del pollo esté crujiente y dorada, y la polenta y el queso se pongan crujientes en el borde. Servir con una ensalada verde.

• Cada ración contiene: 513 kilocalorías, 40 g de proteínas, 47 g de carbohidratos, 20 g de grasa, 5 g de grasas saturadas, 7 g de fibra, 0 g de azúcar, 4,63 g de sal.

El plato ideal para cuando, tras una dura jornada de trabajo no se dispone de tiempo para ir a comprar. Servir con ensalada verde y un vaso de vino tinto.

Espaguetis a la puttanesca

400 g de espaguetis
1 cucharada de aceite de oliva
1 cebolla pelada y cortada en láminas
1 diente de ajo pelado y machacado
2 cucharadas de alcaparras
400 g de tomate triturado de lata
una pizca de pimentón dulce
100 g de pimientos asados congelados
   o de tarro, troceados
16 aceitunas negras sin hueso
queso parmesano recién rallado para
   servir (opcional)

15 minutos • 4 raciones

1 Cocer la pasta el tiempo que indica el envase. Mientras tanto, calentar el aceite en una sartén grande y sofreír la cebolla a fuego medio durante 5 minutos hasta que esté translúcida. Añadir el ajo y cocinar durante otro minuto.
2 Escurrir las alcaparras y echarlas en la sartén junto al tomate, el pimentón dulce, los pimientos y las aceitunas. Sazonar si es necesario y sofreír todos los ingredientes unos minutos.
3 Escurrir la pasta y mezclarla con la salsa. Servir con abundante queso parmesano, si se prefiere.

• Cada ración contiene: 433 kilocalorías,
14 g de proteínas, 82 g de carbohidratos,
8 g de grasa, 1 g de grasas saturadas,
6 g de fibra, 9 g de azúcar, 1,38 g de sal.

Para preparar esta tortilla como si se tratase de una pizza, se recomienda poner en la base los ingredientes favoritos. Los pimientos asados, las rodajas de salami o las setas laminadas son muy apropiados en este plato.

Pizza de tortilla

8 huevos
1 cucharadita de orégano seco
1 cucharada de aceite de oliva
4 cucharadas de salsa de tomate para pasta (de tarro)
85 g de queso cheddar rallado
unas aceitunas negras sin hueso
ensalada verde para servir

15 minutos • 4 raciones

1 Calentar el gratinador al máximo. Batir los huevos con el orégano y un poco de pimienta y sal.

2 Calentar el aceite en una sartén grande antiadherente y verter los huevos. Cocinarlos a fuego mínimo durante 4 minutos, removiendo de vez en cuando, hasta que casi hayan cuajado. Ponerlos debajo del gratinador hasta que estén hechos y hayan subido.

3 Extender la salsa de tomate sobre la tortilla, espolvorear el queso y las aceitunas, y luego gratinar el queso. Cortar en cuñas y servir con una ensalada verde.

• Cada ración contiene: 318 kilocalorías, 21 g de proteínas, 1 g de carbohidratos, 26 g de grasa, 9 g de grasas saturadas, 1 g de fibra, 1 g de azúcar, 0,97 g de sal.

La harissa es una salsa de pimientos rojos que constituye uno de los ingredientes más comunes en la gastronomía magrebí y cuyo principal ingrediente es el chile; por tanto, esta receta tiene un sabor picante.

Cordero harissa con cuscús

4 cucharadas de pasta de harissa
300 g de cuscús
1 paquete de 120 g de hojas
    de ensalada
4 filetes de pierna de cordero de unos
    150 g cada uno
2 cucharadas de azúcar demerara

10 minutos, más el tiempo de reposo
• 4 raciones

1 Poner una cucharada de harissa en una jarra y llenarla con 400 ml de agua hirviendo, a continuación poner el cuscús en una fuente grande y remojarlo con la mezcla. Cubrir y dejar reposar durante 5 minutos. Separar los granos con un tenedor y espolvorear la ensalada por encima.

2 Poner al fuego una sartén, sazonar el cordero y freírlo 1 minuto por cada lado. Mezclar el azúcar y la salsa harissa restante y untarlo sobre la carne. Cocinar 2 minutos más por cada lado, retirar de la sartén y dejar reposar 5 minutos.

3 Verter un poquito de agua en la sartén y hervir los jugos hasta conseguir una salsa. Cortar el cordero en rodajas, servirlo encima de la ensalada y rociarlo con la salsa.

• Cada ración contiene: 505 kilocalorías,
34 g de proteínas, 48 g de carbohidratos,
21 g de grasa, 10 g de grasas saturadas,
0 g de fibra, 10 de azúcar, 0,48g de sal.

Este plato posee el gusto tradicional de Italia debido a sus ingredientes, y es muy fácil de elaborar.

Lasaña fresca al pesto

1,2 l de leche
100 g de mantequilla cortada en trozos
100 g de harina
una pizca de nuez moscada recién rallada
500 g de hojas de espinaca baby
250 g de hojas de lasaña fresca
3 cucharadas colmadas de pesto de primera calidad
500 g de tomates cherry en rama, reservar dos o tres ramas de tomates
un buen puñado de hojas de albahaca (o un envase del supermercado)
175 g de queso parmesano recién rallado
2 paquetes de 125-150 g de bolas de mozzarella, preferentemente de búfala, desmenuzadas en trozos pequeños

1 hora 45 minutos • 6 raciones

1 Precalentar el horno a 200 °C/gas 6/convección 180 °C. Remover la leche, la mantequilla y la harina en una cazuela a fuego hasta que espese. Retirar del fuego, sazonar, añadir la nuez moscada y dejar enfriar. Remojar las espinacas con agua hirviendo 30 segundos. Escurrirlas, pasarlas por agua para enfriarlas y volver a escurrirlas.
2 Extender 1-2 cucharadas de salsa sobre la base de una fuente refractaria de 20 x 30 cm. Cubrir con la tercera parte de las hojas de lasaña. Esparcir encima la tercera parte de la salsa y una cucharada de pesto. Agregar la mitad de las espinacas, una tercera parte de los tomates y de los quesos y un poco de albahaca. Repetir las capas hasta terminar todos los ingredientes. Hornear la lasaña durante 35-40 minutos hasta que se dore.

• Cada ración contiene: 711 kilocalorías, 38 g de proteínas, 46 g de carbohidratos, 43 g de grasa, 25 g de grasas saturadas, 4 g de fibra, 0 g de azúcar, 2,5 g de sal.

Un plato tradicional español en el que compensa gratamente
el tiempo de preparación que requiere. Servirlo con pan crujiente
y ensalada verde fresca.

Tortilla española

150 ml de aceite de oliva virgen extra
500 g de patatas nuevas, cortadas
en láminas gruesas
1 cebolla, preferentemente blanca,
pelada y picada
6 huevos
3 cucharadas de perejil fresco picado

1 hora • 4 raciones

1 Calentar el aceite en una sartén grande, echar las patatas y la cebolla y, con la sartén parcialmente tapada, freírlas a fuego lento durante 30 minutos, removiendo de vez en cuando. Escurrir las patatas y la cebolla (reservar el aceite).
2 Batir los huevos, echar las patatas y el perejil, salpimentar y mezclar bien. Calentar un poco del aceite escurrido en una sartén pequeña, echar la mezcla de los huevos y cocer a fuego medio, dando forma a la tortilla con una espátula para.
3 Cuando esté casi hecha, con la ayuda de un plato, darle la vuelta y cocinar durante unos minutos más. Darle un par de veces más la vuelta, para que la tortilla se haga poco a poco por cada lado e ir presionando los bordes para que mantenga la forma. Deslizar sobre un plato y dejar enfriar 10 minutos antes de servir.

• Cada ración contiene: 516 kilocalorías,
12 g de proteínas, 23 g de carbohidratos,
43 g de grasa, 7 g de grasas saturadas,
2 g de fibra, 0 g de azúcar, 0,31 g de sal.

Un plato de pasta simple, pero tan diferente que será difícil
volver a consumir salsa pesto de tarro.

Pasta al pesto al estilo siciliano

300 g de linguine (tallarines)

85 g de almendras blancas muy
    picadas

25 g de queso caciocavallo o pecorino
    rallado

un buen puñado de hojas de albahaca
    muy picadas

50 ml de aceite de oliva virgen extra

4 tomates pequeños en rama sin
    semillas y picados

20 minutos • 4 raciones

1 Cocer la pasta el tiempo que indica el envase.
Para hacer el pesto, mezclar en un robot de
cocina las almendras, el queso, la mayor parte
de la albahaca y todo el aceite de oliva hasta
conseguir una pasta grumosa.

2 Escurrir la pasta y removerla con el pesto
y los tomates. Disponerla en los platos y
espolvorear las hojas de albahaca restantes.

• Cada ración contiene: 528 kilocalorías,
16 g de proteínas, 60 g de carbohidratos,
27 g de grasa, 4 g de grasas saturadas,
4 g de fibra, 0 g de azúcar, 0,16 g de sal.

Una cena o tentempié picante que se prepara en unos minutos.

Tostadas con queso de cabra y chorizo picante

2 cucharadas de aceite de oliva
1 chile rojo grande sin semillas y muy
    picado
2 panecillos partidos por la mitad
    (la chapata es muy apropiada para
    este plato) o 4 rebanadas gruesas
    de pan
70 g de chorizo cortado en láminas
    u otro tipo de embutido curado
    y picante
50 g de rúcula
100 g de queso de cabra, desmenuzado

10 minutos • 4 raciones como tentempié
o 2 como plato principal

1 Primero poner el aceite de oliva con el chile
en un cuenco.
2 Mientras los sabores se mezclan, tostar los
panecillos o el pan.
3 Poner encima del pan el chorizo, la rúcula
y el queso de cabra, y luego rociar el aceite
con chile.

• Cada ración contiene: 485 kilocalorías,
22 g de proteínas, 25 g de carbohidratos,
34 g de grasa, 14 g de grasas saturadas,
2 g de fibra, 0 g de azúcar, 2,2 g de sal.

El tabulé es un plato que se puede servir solo como ensalada, pero también queda muy bueno si se acompaña con pescado y pollo.

Tabulé con salmón

250 g de cuscús
300 ml de caldo de verduras hirviendo
4 tomates en rama maduros
½ pepino
1 manojo de cebolletas
2 paquetes de 20 g de perejil fresco
la corteza muy rallada de 1 limón
6 cucharadas de aceite de oliva
2 cucharadas de zumo de limón natural
1 diente de ajo machacado
4 filetes de salmón asados a la parrilla
   para servir

15-20 minutos • 4 raciones

1 Poner el cuscús en una fuente grande, verter el caldo hirviendo y remover. Cubrir con un plato o con papel transparente y dejar reposar durante 5 minutos, o hasta que el líquido se haya absorbido, y posteriormente separar los granos con un tenedor.

2 Cortar los tomates y el pepino en trozos pequeños. Laminar las cebolletas y picar el perejil, y luego añadirlo todo al cuscús junto con la corteza de limón.

3 Batir el aceite de oliva, el zumo de limón y sazonar bien. Rociar el aliño sobre el cuscús. Mezclar bien y servir con el salmón asado.

• Cada ración contiene: 591 kilocalorías, 35,9 g de proteínas, 37,5 g de carbohidratos, 34,1 g de grasa, 5,8 g de grasas saturadas, 2,4 g de fibra, 5,8 g de azúcar, 0,30 g de sal.

Un plato abundante y único que apetece durante todo el año.
Muy popular entre las familias.

Pilaf de cordero al estilo turco

un puñado pequeño de piñones
    o de almendras laminadas
1 cucharada de aceite de oliva
1 cebolla grande pelada, partida
    por la mitad y cortada en rodajas
2 barritas de canela en rama partidas
    por la mitad
500 g de filete magro de cuello
    de cordero cortado en dados
250 g de arroz basmati
1 cubito de caldo de cordero
    o de verduras
12 orejones de albaricoque listos
    para comer
unas hojas de menta fresca
    muy picadas

25-30 minutos • 4 raciones

1 Tostar ligeramente los piñones o las almendras en una cazuela amplia sin aceite y luego disponerlos en un plato. Verter el aceite en la cazuela y saltear la cebolla y la canela hasta que empiecen a dorarse.
2 Aumentar el fuego, agregar el cordero, remover y sofreír hasta que la carne cambie de color. Incorporar el arroz y freírlo durante 1 minuto, removiendo constantemente.
3 Verter 500 ml de agua hirviendo, desmenuzar el cubito de caldo, añadir los orejones y sazonar al gusto. Reducir el fuego, tapar y cocer a fuego lento durante 12 minutos hasta que el arroz esté a punto y el caldo se haya absorbido. Espolvorear los piñones o las almendras y la menta, y servir.

• Cada ración contiene: 584 kilocalorías, 32 g de proteínas, 65 g de carbohidratos, 24 g de grasa, 9 g de grasas saturadas, 3 g de fibra, 0 g de azúcar, 1,4 g de sal.

De los fogones a la mesa en solo 20 minutos, es un plato ideal
para una cena con amigos entre semana.

Pasta cremosa con gambas

400 g de linguine (tallarines)
400 g de gambas cocidas congeladas
de bolsa, previamente
descongeladas
100 g de rúcula
3 cucharadas de crema de leche
25 g de queso parmesano rallado

20 minutos, más el tiempo de
descongelado • 4 raciones

1 En una cazuela grande llevar agua a ebullición
y cocer los linguine el tiempo que indica el
envase. Reservar un poco de agua de la pasta
y luego agregar las gambas a la cazuela para
calentarlas, y a continuación escurrirlas junto
con la pasta.
2 Volver a poner la pasta y las gambas
en la cazuela y añadir el resto de ingredientes.
3 Mezclar, y si la pasta estuviese seca,
verter suficiente cantidad de agua de la
cocción para humedecerla. Servir al momento.

• Cada ración contiene: 472 kilocalorías,
27 g de proteínas, 78 g de carbohidratos,
9 g de grasa, 4 g de grasas saturadas,
4 g de fibra, 3 g de azúcar, 1,05 g de sal.

Este es un estupendo plato principal sin carne que solo
hay que acompañar con una ensalada, pero también puede servir
como guarnición de un plato de cerdo o cordero asado.

Gratinado de hinojo y tomate

PARA EL HINOJO

3 cucharadas de aceite de oliva

4 bulbos de hinojo troceados
(conservar la parte verde) y cortados
en cuñas delgadas

2 dientes de ajo, pelados
y machacados

400 g de tomate de lata triturado

PARA CUBRIR

85 g de pan blanco troceado

50 g de queso parmesano rallado

la parte verde del hinojo

la corteza rallada de 1 limón

unas aceitunas negras sin hueso

1 hora 10 minutos • 4 raciones

1 Guisar el hinojo con dos cucharadas de
aceite de oliva en una cazuela tapada a fuego
lento durante 15 minutos. Añadir el ajo y guisar
durante 10-20 minutos más hasta que el hinojo
esté tierno (el tiempo dependerá de lo grueso
que sea). Incorporar el tomate y hervir a fuego
lento, sin tapar, durante 10 minutos hasta que
el hinojo esté impregnado de salsa. Pasar la
mezcla a una fuente de gratinar llana. Precalentar
el horno a 200 ºC/gas 6/convección 180 ºC.
2 Mientras el hinojo se está cocinando, triturar
todos los ingredientes del gratinado, excepto
las aceitunas, hasta conseguir la textura de las
migas. Agregar las aceitunas y picarlas un poco.
3 Esparcir las migas generosamente sobre
la mezcla del hinojo, rociar el resto del aceite
y hornear durante 20 minutos hasta que se dore.

• Cada ración contiene: 220 kilocalorías,
9 g de proteinas, 16 g de carbohidratos,
14 g de grasa, 4 g de grasas saturadas,
5 g de fibra, 5 g de azúcar, 0,86 g de sal.

Estos tomates rellenos ofrecen el auténtico sabor de la cocina mediterránea en un día de verano.

Tomates rellenos de cuscús

150 g de cuscús
4 tomates
1 diente de ajo, pelado y machacado
1 cucharadita de pimentón dulce
   ahumado
4 cebolletas cortadas en juliana
unas ramas de cilantro fresco,
   muy picado
unas ramas de menta fresca,
   muy picada
el zumo de 1 limón
50 g de piñones tostados
50 g de pasas de Corinto
2 cucharadas de aceite de oliva

40 minutos • 4 raciones

1 Precalentar el horno a 200 ºC/gas 6/ convección 180 ºC. Verter 175 ml de agua hirviendo, sobre el cuscús, tapar y dejar empapar durante 5 minutos. Cortar los tomates horizontalmente, a dos tercios de su altura, retirar el corazón y sacar la carne sin romper la piel. Poner la pulpa del tomate en una fuente y añadir el ajo, el pimentón y el cuscús. Dejar 1 minuto y mezclarlo todo con un tenedor.
2 Mezclar las cebolletas, el cilantro, la menta, el zumo de limón, los piñones, las pasas, el aceite de oliva y sazonar. Incorporar la mezcla al cuscús y remover bien.
3 Rellenar los tomates y taparlos con la parte superior. Colocarlos en una bandeja, rociar un poco de aceite de oliva y asarlos durante 20 minutos.

• Cada ración contiene: 285 kilocalorías, 6 g de proteínas, 34 g de carbohidratos, 15 g de grasa, 2 g de grasas saturadas, 2 g de fibra, 14 g de azúcar, 0,04 g de sal.

Para obtener una comida o una cena sencilla, basta servir este plato caliente o a temperatura ambiente con una simple ensalada de rúcula.

Pimientos al horno

aceite de oliva para engrasar y rociar
4 pimientos (2 rojos y 2 amarillos) partidos por la mitad verticalmente, sin semillas y sin el corazón
90 g de jamón envasado
unas ramitas de mejorana fresca
2 dientes de ajo, pelados y laminados
4 tomates de pera, partidos a lo largo por la mitad
8 anchoas, partidas a lo largo por la mitad
125-150 g de mozzarella envasada, cortada en láminas

PARA SERVIR
un puñado de hojas de albahaca y de rúcula
virutas de queso parmesano
8 aceitunas negras con hueso
chapata o focaccia

55 minutos • 4 raciones

1 Precalentar el horno a 200 ºC/gas 6/ convección 180 ºC. Engrasar una fuente refractaria o una bandeja para horno con aceite y poner los pimientos; si se tambalean, cortar un trozo pequeño de la base. Introducir una loncha de jamón en cada pimiento, de modo que quede ligeramente inclinado sobre los bordes. Esparcir la mejorana, el ajo y colocar encima la mitad de un tomate. Cubrir con las anchoas, rociar aceite de oliva, sazonar y asar durante 35 minutos o hasta que los pimientos estén tiernos.
2 Partir las láminas de mozzarella por la mitad y poner dos mitades en cada pimiento. Hornear de nuevo para fundir el queso.
3 Espolvorear albahaca, rúcula y queso parmesano en cada pimiento, añadir una oliva y rociar aceite y pimienta. Servir con el pan.

• Cada ración contiene: 242 kilocalorías, 16,4 g de proteínas, 12,2 g de carbohidratos, 14,6 g de grasa, 6,1 g de grasas saturadas, 3,7 g de fibra, 11,4 g de azúcar, 1,77 g de sal.

Una variación rápida de un plato magrebí tradicional, esta receta sencilla es apropiada para una cena vegetariana reconfortante.

Tajine de verduras y cuscús con garbanzos

400 g de chalotas de paquete peladas y cortadas por la mitad
2 cucharadas de aceite de oliva
1 calabaza alargada grande de 1,25 kg pelada, sin semillas y cortada en trozos pequeños
1 cucharadita de canela molida
½ cucharadita de jengibre rallado
450 ml de caldo de verduras concentrado
12 ciruelas pasas sin hueso
2 cucharaditas de miel clara
2 pimientos rojos sin semillas y troceados
3 cucharadas de cilantro fresco picado
2 cucharadas de menta fresca picada, y un poco más para rociar

PARA EL CUSCÚS
250 g de cuscús
1 cucharada de pasta harissa
400 g de garbanzos de lata, lavados y escurridos
un puñado de almendras laminadas y tostadas

35 minutos • 4 raciones

1 Rehogar las chalotas en el aceite durante 5 minutos hasta que estén tiernas y doradas. Añadir la calabaza y las especias y remover durante 1 minuto. Verter el caldo, sazonar bien y luego añadir las ciruelas y la miel. Tapar y cocer a fuego lento durante 8 minutos.
2 Agregar los pimientos, cocinar durante 8-10 minutos hasta que estén tiernos y añadir el cilantro y la menta.
3 En una fuente echar el cuscús y verter 400 ml de agua hirviendo, incorporar la pasta harissa y media cucharadita de sal. Añadir los garbanzos, cubrir y dejar reposar durante 5 minutos. Separar los granos con un tenedor y servir con las almendras laminadas y la menta restante.

• Cada ración contiene: 483 kilocalorías, 15 g de proteínas, 85 g de carbohidratos, 11 g de grasa, 1 g de grasas saturadas, 10 g de fibra, 33 g de azúcar, 0,61 g de sal.

Para aumentar el sabor mediterráneo de este plato, se recomienda
añadirle una cucharada de alcaparras, unas aceitunas negras
y unas anchoas cortadas en pedacitos.

Ratatouille

4 tomates grandes maduros sin piel
5 cucharadas de aceite de oliva
2 berenjenas grandes cortadas
   en trozos de 1,5 cm
4 calabacines pequeños cortados
   en rodajas de 1,5 cm
2 pimientos rojos o amarillos sin
   semillas, cortados en trozos
   pequeños
1 cebolla mediana, pelada y cortada
   en tiras gruesas
3 dientes de ajo, pelados
   y machacados
1 cucharada de vinagre de vino tinto
1 cucharadita de azúcar
un puñadito de hojas de albahaca
   troceadas

50 minutos • 4 raciones

1 Cortar los tomates en cuartos, retirar
las semillas con una cuchara y picar la pulpa.
2 Calentar dos cucharadas de aceite de oliva
en una sartén. Dorar las berenjenas durante
5 minutos por cada lado y reservarlas. Rehogar
los calabacines en otra cucharada de aceite otros
5 minutos hasta que estén dorados por ambos
lados. Repetir la operación con los pimientos.
Es importante no cocinar las verduras en exceso
porque en el próximo paso seguirán cociéndose.
3 Rehogar la cebolla en una sartén en el aceite
restante durante 5 minutos. Añadir el ajo y dorar
otros 5 minutos. Verter el vinagre y el azúcar,
y echar el tomate y la mitad de la albahaca.
Volver a poner las verduras en la cazuela
con un poco de pimienta y sal y cocer durante
5 minutos. Servir con la albahaca restante.

• Cada ración contiene: 241 kilocalorías,
6 g de proteínas, 20 g de carbohidratos,
16 g de grasa, 2 g de grasas saturadas,
8 g de fibra, 18 g de azúcar, 0,05 g de sal.

Una alternativa más apetitosa de las patatas asadas tradicionales,
ideal para servir con pollo, cordero o pescado.

Patatas con romero y limón

1 kg de patatas
3 cucharadas de aceite de oliva
el zumo de 2 limones
1 cucharada de romero fresco picado
   o 1 cucharadita de romero seco
6-8 dientes de ajo enteros con piel

40-50 minutos • 4 raciones

1 Precalentar el horno a 200 °C/gas 6/
convección 180 °C. Pelar las patatas y cortarlas
en cuñas grandes. Disponerlas en una cazuela,
cubrirlas con agua y llevar a ebullición. Hervir
durante 2 minutos y escurrirlas bien agitando
la escurridera.

2 Colocar en una bandeja para hornea el aceite
de oliva, el zumo de limón, el romero y el ajo,
con un poco de pimienta y sal. Extender las
patatas, mezclar hasta que estén impregnadas
y brillantes y dejarlas que se empapen con
el aceite y el limón durante 10 minutos.

3 Asarlas al horno durante 20-30 minutos,
moviendo la bandeja a media cocción, hasta
que las patatas estén bien doradas y brillantes.

• Cada ración contiene: 227 kilocalorías,
4 g de proteínas, 35 g de carbohidratos,
9 g de grasa, 1 g de grasas saturadas,
3 g de fibra, 2 g de azúcar, 0,29 g de sal.

La *cavolo nero* o col negra es una col italiana de color verde oscuro
que a menudo se sirve como acompañamiento o para mezclar con la pasta,
aunque también puede utilizarse en un salteado.

Cavolo nero con ajo y beicon

1 kg de *cavolo nero* o repollo
25 g de mantequilla
8 tiras de beicon ahumado, cortado
   en trozos
2 dientes de ajo, pelados y cortados
   en láminas

25 minutos • 4 raciones

1 Para preparar la col, coger los tallos con una mano y separar las hojas con la otra. Desechar los tallos y cortar las hojas en pedacitos.
2 Hervir agua en una cazuela, añadir la col y escaldar durante 1 minuto hasta que las hojas se arruguen, y escurrir.
3 Calentar la mantequilla en una sartén y freír el beicon durante 6-8 minutos hasta que esté crujiente. Agregar el ajo y sofreír un poquito. Incorporar la cavolo nero, tapar y rehogar durante 5 minutos hasta que esté tierna. Sazonar con pimienta y sal, y servir al momento.

• Cada ración contiene: 155 kilocalorías, 10 g de proteínas, 5 g de carbohidratos, 11 g de grasa, 5 g de grasas saturadas, 1 g de fibra, 0 g de azúcar, 2,58 g de sal.

Un plato delicioso y muy saludable que se puede preparar como cena ligera o como acompañamiento de un cordero lechal en primavera.

Habas con tomates y anchoas

1,3 kg de habas tiernas en vaina (unos 350 g sin la piel)

3 cucharadas de aceite de oliva

450 g de tomates cherry, partidos por la mitad

6 cebolletas cortadas en juliana

2 dientes de ajo pelados y laminados

4-6 filetes de anchoa troceados

2 cucharadas de mejorana o perejil fresco

20-25 minutos • 4 raciones

1 Escaldar las habas desavainadas en agua hirviendo durante 1 minuto. Escurrirlas en un tamiz y enfriarlas rápido debajo del grifo. Volver a escurrir y retirarles la piel, realizar un corte en la parte superior y hacer saltar las habas.

2 Calentar el aceite en una sartén antiadherente. Cuando esté muy caliente, añadir los tomates y saltear a fuego vivo hasta que los líquidos empiecen a salir y a caramelizar. Agregar las cebolletas y el ajo, y sofreír a fuego medio durante 1-2 minutos hasta que los pimientos empiecen a estar tiernos y el ajo a dorarse.

3 Añadir las habas y saltearlas 1-2 minutos hasta que estén calientes. Incorporar las anchoas, de modo que se rompan en pedacitos, sazonar al gusto con pimienta negra recién molida y sal, luego añadir la mejorana o el perejil y servir.

• Cada ración contiene: 161 kilocalorías, 7 g de proteínas, 11 g de carbohidratos, 10 g de grasa, 1 g de grasas saturadas, 7 g de fibra, 0 g de azúcar, 0,34 g de sal.

Esta ensalada tiene un auténtico sabor mediterráneo, y un poco de vinagre de jerez le da al aliño un toque de autenticidad.

Pollo a la española con ensalada de garbanzos

800 g de garbanzos, lavados enjuagados y escurridos

300 g de tomates cherry en rama, maduros y partidos por la mitad

290 g de pimientos de tarro marinados en aceite, partidos por la mitad

1 pollo mediano asado

unas hojitas de perejil muy picado para decorar

PARA EL ALIÑO

2 dientes de ajo, pelados y machacados

2 cucharadas de vinagre de jerez

6 cucharadas de aceite del tarro de los pimientos

½ cucharadita de pimentón dulce ahumado

el zumo de ½ naranja

20 minutos • 6 raciones

1 Primero preparar el aliño. Con una batidora o con un robot pequeño de cocina, batir el ajo, el vinagre, el aceite de los pimientos, el pimentón ahumado y el zumo de naranja hasta conseguir una salsa homogénea. Si no se dispone de una batidora, chafar el ajo y removerlo con el resto de ingredientes.

2 En una fuente grande, mezclar los garbanzos con los tomates cherry y los pimientos. Verter la mitad del aliño, sazonar y transferir a una fuente para servir.

3 Colocar el pollo en una madera de cocina y deshuesarlo. Cortarlo en trozos pequeños y amontonarlo encima de la ensalada. Rociar el aliño restante, esparcir el perejil y servir.

• Cada ración contiene: 505 kilocalorías, 31 g de proteínas, 18 g de carbohidratos, 35 g de grasa, 7 g de grasas saturadas, 5 g de fibra, 5 g de azúcar, 1,31 g de sal.

Esta ensalada requiere un pan con cuerpo, si no se desintegraría.
Si no hay chapata, puede servir el pan rústico o el pan de pita.

Panzanella con atún y alcaparras

3 rebanadas de chapata,
  preferiblemente del día anterior
4-5 tomates
½ pepino
8-10 hojas de albahaca
200 g de atún de lata
2 cucharaditas de alcaparras,
  escurridas y picadas
2 cucharadas de vinagre de vino tinto
4 cucharadas de aceite de oliva

15 minutos • 2 raciones

1 Sumergir el pan brevemente en agua fría,
estrujarlo bien y desmenuzarlo en un cuenco.
Cortar los tomates por la mitad, retirarles
las semillas y picar la pulpa. Cortar el pepino
en trocitos.
2 Añadir el tomate y el pepino al pan,
y espolvorear las hojas de albahaca.
3 Escurrir y desmenuzar el atún en trozos
y añadirlo al pan junto con las alcaparras,
el vinagre y el aceite. Salpimentar al gusto.
Mezclar bien y servir.

• Cada ración contiene: 463 kilocalorías,
27 g de proteinas, 21 g de carbohidratos,
31 g de grasa, 5 g de grasas saturadas,
3 g de fibra, 6 g de azúcar, 1,35 g de sal.

Para esta ensalada el chorizo curado es más apropiado
que el de cocinar: el tamaño es similar al salami y se puede comprar
en lonchas finas.

Ensalada de judías con chorizo

400 g de judías cannellini u otra
    variedad de judías blancas de lata
1 cebolla roja pequeña, pelada
    y cortada en juliana
2 cucharadas de vinagre de vino tinto
140 g de champiñones en láminas finas
un puñado de hojas de perejil picado
3 cucharadas de aceite de oliva
100 g de chorizo en lonchas finas
pan crujiente para servir

15 minutos • 2 raciones

1 Escurrir y enjuagar las judías, y con papel
de cocina secarlas ligeramente. Mezclar la
cebolla con el vinagre y dejar en remojo durante
5 minutos.
2 Mezclar las setas y el perejil con las judías.
Agregar la cebolla, el vinagre, el aceite y sazonar,
y por último remover bien.
3 Disponer en dos platos las lonchas de chorizo
y esparcir la ensalada en el centro. Servir con
pan crujiente.

• Cada ración contiene: 449 kilocalorías,
21 g de proteínas, 27 g de carbohidratos,
30 g de grasa, 7 g de grasas saturadas,
8 g de fibra, 6 g de azúcar, 2,05 g de sal.

Para degustar los sabores mediterráneos clásicos
de esta ensalada fresca y sugerente, se recomienda
usar un aceite de oliva siciliano afrutado.

Ensalada de tomate y menta

400 g de tomates cherry
1 cebolla roja pequeña, pelada
unas hojas de menta fresca
aceite de oliva virgen extra para rociar
la corteza rallada de 1 limón para
    decorar

10 minutos • 6 raciones

1 Cortar los tomates cherry por la mitad
y repartirlos en un plato grande. Picar
la cebolla roja y trocear las hojas de menta.
2 Esparcir la cebolla y la menta sobre
los tomates. Estos pasos puedes realizarlos
3-4 horas antes y mantener el plato tapado.
3 Antes de servir, rociar el aceite de oliva,
sazonar con pimienta negra molida y sal.
Rallar un poco de corteza de limón por encima.

• Cada ración contiene: 62 kilocalorías, 1 g de proteínas,
3 g de carbohidratos, 5 g de grasa, 1 g de grasas
saturadas, 1 g de fibra, 0 g de azúcar, 0,02 g de sal.

Este plato es exquisito como ensalada o como entrante ligero.

Ensalada de halloumi con naranja y menta

3 naranjas medianas, los gajos
   y el zumo
unas hojitas de menta fresca, picadas
4 cucharaditas de vinagre de vino tinto
3 cucharadas de aceite de oliva
500 g de queso halloumi escurrido
50 g de nueces tostadas
150 g de rúcula, berros y espinacas

20 minutos • 4 raciones

1 Calentar una plancha o una sartén a fuego vivo. En una fuente grande mezclar los gajos y el zumo de la naranja, las hojas de menta, el vinagre y el aceite de oliva. Sazonar y mezclar suavemente.

2 Cortar cada trozo de halloumi en 8-10 pedazos y cocinarlos en una plancha o en una sartén durante 1-2 minutos por cada lado hasta que estén tostados y empiecen a fundirse.

3 Agregar las nueces y las hojas de ensalada a la naranja y a la menta, y mezclar. Poner encima los trozos de halloumi y sazonar con pimienta negra.

• Cada ración contiene: 581 kilocalorías, 28 g de proteínas, 12 g de carbohidratos, 47 g de grasa, 20 g de grasas saturadas, 3 g de fibra, 12 g de azúcar, 4,41 g de sal.

Esta fresca e intensa ensalada es perfecta como plato ligero
o como guarnición para una barbacoa de verano.

Ensalada de berenjena, limón y pimiento

2 berenjenas cortadas en dados
1 cebolla roja pelada y picada
6 dientes de ajo enteros
2 pimientos rojos sin semillas y picados
4 cucharadas de aceite de oliva
4 tomates de rama picados
la corteza rallada y el zumo de 1 limón
4 cucharadas de menta fresca picada
100 g de aceitunas negras sin hueso

45 minutos • 6 raciones

1 Precalentar el horno a 220 °C/gas 7/
convección 200 °C. Mezclar las berenjenas,
la cebolla, los ajos y los pimientos con el
aceite y asar durante 30 minutos hasta que
las verduras estén tiernas. Transferir la mezcla
a una ensaladera. Este paso puede realizarse
el día anterior.
2 Añadir los tomates, la corteza del limón rallada
y el zumo y sazonar.
3 Agregar la menta y las aceitunas y poner
la ensalada en la nevera durante unas horas,
pero en el momento de servir ha de estar
a temperatura ambiente.

• Cada ración contiene: 145 kilocalorías,
3 g de proteínas, 10 g de carbohidratos,
11 g de grasa, 1 g de grasas saturadas,
4 g de fibra, 8 g de azúcar, 0,28 g de sal.

Un plato delicioso, colorido y rápido de preparar que es igualmente bueno frío o caliente.

Cuscús especiado con hierbas y almendras

2 cucharadas de aceite de oliva
2 cebollas rojas peladas, partidas
    por la mitad y cortadas en juliana
una pizca de hebra de azafrán
    (opcional)
425 ml de caldo de pollo caliente
    (puede ser de cubito)
1 chile rojo grande cortado en láminas
500 g de cuscús
2 paquetes de 20 g de cilantro, solo
    las hojas
50 g de almendras enteras tostadas
unos dátiles muy picados
el zumo de ½ limón

10 minutos, más 10 minutos de reposo
• 6 raciones

1 Calentar el aceite en una bandeja para asar, añadir las cebollas y sofreír durante 5 minutos hasta que estén translúcidas. Mientras la cebolla se sofríe, incorporar el azafrán (si se utiliza) en el caldo para que se impregne de su sabor y su color.
2 Poner el chile en la bandeja, sofreírlo durante 1 minuto más y retirarlo del fuego. Verter el cuscús en una ensaladera, añadir el caldo y cubrirlo con papel transparente durante 10 minutos.
3 Cuando el cuscús haya absorbido todo el caldo, cortar rápidamente el cilantro en pedacitos (si se corta muy pronto empezará a arrugarse), mezclarlo con el cuscús con un tenedor, agregar las almendras, los dátiles, el zumo de limón y servir al momento. Si se prefiere servirlo frío, dejarlo enfriar y añadir el cilantro picado justo antes de comer.

• Cada ración contiene: 297 kilocalorías, 10 g de proteínas, 53 g de carbohidratos, 6 g de grasa, 1 g de grasas saturadas, 2 g de fibra, 10 g de azúcar, 0,37 g de sal.

Una comida fresca y ligera o una ensalada como guarnición
que aporta todos los sabores de un verano mediterráneo.

Ensalada griega

1 cebolla roja mediana
1 cucharadita de orégano seco
2 cucharadas de vinagre de vino
   blanco
8 cucharadas de aceite de oliva virgen
   extra
4 tomates de rama
1 pepino
2 puñados de aceitunas negras
   de Kalamata sin hueso
2 ramitas de orégano fresco, muy
   picadas
200 g de queso feta envasado

20-25 minutos, más el tiempo de
marinado • 4 raciones

1 Pelar la cebolla, partirla por la mitad y cortarla en juliana, ponerla en un cuenco y espolvorear el orégano. Verter el vinagre y el aceite de oliva, remover bien, cubrir y dejar marinar durante un par de horas.

2 Cortar los tomates en trozos. Dividir el pepino en cuatro trozos a lo largo y cortar en rodajas gruesas. Transferir los tomates y el pepino a una ensaladera y añadir la cebolla, las aceitunas y la mitad del orégano fresco. Se puede sazonar, si se cree necesario.

3 Cortar en trozos pequeños el queso feta sobre la ensalada y espolvorear el orégano restante. Mezclar con cuidado para no romper el queso.

• Cada ración contiene: 369 kilocalorías,
10 g de proteínas, 7 g de carbohidratos,
34 g de grasa, 10 g de grasas saturadas,
2 g de fibra, 0 g de azúcar, 2,58 g de sal.

Un plato clásico fácil de preparar, la comida ideal para un tranquilo día de verano o para una cena al aire libre.

Ensalada niçoise

5 cucharadas de aceite de oliva,
   y un poco más para freír y rociar
2 cucharaditas de orégano fresco
   picado
1 ½ cucharada de zumo de limón
   recién exprimido
16 patatas nuevas, partidas
   por la mitad
100 g de judías verdes
4 filetes de 100 g de atún fresco
unas aceitunas negras sin hueso
8 filetes de anchoa cortados en tiras
   finas
16 tomates cherry, partidos
   por la mitad
4 huevos pequeños, ligeramente
   hervidos y partidos por la mitad
queso parmesano rallado para servir

35 minutos • 4 raciones

1 Batir en una fuente grande las 5 cucharadas de aceite de oliva con el orégano y con suficiente zumo de limón para dar sabor. Sazonar y reservar.
2 Cocer las patatas en agua salada hirviendo durante 10 minutos, o hasta que estén tiernas, y añadir las judías los últimos 4 minutos de cocción. Escurrir bien y mezclar con el aliño mientras todavía está caliente.
3 Calentar un poco de aceite en una sartén y freír el atún a fuego vivo durante 2-3 minutos por cada lado. Agregar las aceitunas, las anchoas y los tomates a las patatas y remover con suavidad. Repartir la ensalada en cuatro platos y poner encima el atún, los huevos y el queso parmesano, y rociar el aceite.

• Cada ración contiene: 523 kilocalorías, 34,8 g de proteínas, 24,9 g de carbohidratos, 32,3 g de grasa, 5,6 g de grasas saturadas, 2,8 g de fibra, 3,9 g de azúcar, 1,08 g de sal.

Este plato es muy apropiado para acompañar carne o pollo a la brasa,
y los vegetarianos pueden comerlo con pan de pita tostado.

Puré de berenjenas asadas

2 berenjenas medianas
el zumo de 1 limón
2-3 dientes de ajo, pelados
   y machacados
1 envase de 150 ml de yogur natural
un puñadito de eneldo, las hojas
   troceadas

35 minutos • 4 raciones

1 Precalentar la parrilla al máximo. Cortar
las berenjenas por la mitad a lo largo y asarlas
durante 25 minutos dándoles la vuelta de vez
en cuando hasta que estén tiernas (la piel ha
de mantenerse firme y la carne blanda). Retirar
las berenjenas de la parrilla y dejarlas enfriar,
lo suficiente como para poder manipularlas.
2 Con un cuchillo afilado, separar la pulpa
de la piel y sacarla con una cuchara. Ponerla
en un cuenco y aplastarla con un tenedor hasta
conseguir una crema espesa. Agregar el zumo
de limón y el ajo y batir bien.
3 Mezclarlo con el yogur y el eneldo, y sazonar.
Servir tibio.

• Cada ración contiene: 77 kilocalorías, 4 g de proteínas,
6 g de carbohidratos, 5 g de grasa, 2 g de grasas
saturadas, 3 g de fibra, 5 g de azúcar, 0,07 g de sal.

Este paté, delicioso para todas las edades y en cualquier momento del año, es también ideal como tentempié o como comida.

Hummus casero con pan de pita crujiente

6 panes de pita pequeños, partidos
  en cuatro trozos
2 cucharadas de aceite de oliva
¼ de cucharadita de sal marina

PARA EL HUMMUS
410 g de garbanzos de bote, lavados
  y escurridos
el zumo de 2 limones
2 dientes de ajo, pelados
  y machacados
2 cucharadas de aceite de oliva
¼ de cucharadita de sal marina
150 ml de pasta tahini (opcional)

20 minutos • 4 raciones, o 6-8 raciones
como tentempié

1 Precalentar el horno a 200 °C/gas 6/ convección 180 °C. Esparcir el pan de pita sobre una bandeja para hornear grande. Rociar el aceite de oliva y espolvorear la sal marina. Hornear durante 6 minutos, o hasta que el pan empiece a dorarse y a estar crujiente. Servir frío o caliente. En un envase hermético se conserva bien durante 4 días.
2 Para hacer el hummus, triturar los garbanzos, el zumo de limón, el ajo, el aceite de oliva, la sal marina y la pasta tahini (si se utiliza) en un robot de cocina hasta conseguir una pasta homogénea. Si queda muy espesa, agregar un poco de agua. Colocar la pasta en un cuenco y servir con el pan crujiente. El hummus se conserva bien en la nevera durante 3 días.

• Cada ración (si es para 4 personas) contiene: 307 kilocalorías, 10 g de proteínas, 40 g de carbohidratos, 14 g de grasa, 2 g de grasas saturadas, 4 g de fibra, 2 g de azúcar, 1,24 g de sal.

Una salsa tradicional de Cataluña que es exquisita con verduras
o pescado asados.

Verduras asadas con salsa romesco

PARA LAS VERDURAS ASADAS
3 pimientos amarillos y 3 rojos sin las
    semillas y cortados en 4 trozos
1 bulbo de hinojo cortado en 6 cuñas
2 cebollas grandes peladas y cortadas
    en 6 cuñas
4 cucharadas de aceite de oliva virgen
    extra
6 cebolletas grandes

PARA LA SALSA ROMESCO
6 cucharadas de aceite de oliva
2 pimientos secos como la ñora o el
    choricero
1 chile seco
6-8 dientes de ajo, pelados y enteros
1 rebanada de pan blanco sin la
    corteza, troceada en pedazos grandes
1 cucharada de perejil fresco picado
10 almendras tostadas
12 avellanas tostadas
1 tomate asado sin piel ni semillas
2 cucharadas de vinagre de vino blanco

1 hora 30 minutos • 6 raciones

1 Precalentar el horno a 200 ºC/gas 6/
convección 180 ºC. Asar los pimientos, el hinojo
y las cebollas con el aceite durante 45 minutos,
añadir las cebolletas los últimos 20 minutos,
y por último sazonar.
2 Para hacer la salsa, con freír los pimientos
y el chile secos hasta que estén crujientes. Dejar
enfriar, trocear y reservar. Dorar cuatro dientes
de ajo y el pan. Majar los ajos restantes, añadir
los ajos y los pimientos fritos, y machacarlos.
Añadir el perejil, los frutos secos y el pan.
Machacar hasta conseguir una pasta fina.
3 Mezclar la pulpa del tomate con la pasta.
Verter poco a poco el aceite y el vinagre
removiendo y sazonar. Pelar los pimientos.
Servir las verduras calientes con la salsa.

• Cada ración contiene: 333 kilocalorías,
6,0 g de proteínas, 22 g de carbohidratos,
25,2 g de grasa, 3,1 g de grasas saturadas,
6,4 g de fibra, 14,4 g de azúcar, 0,11 g de sal.

No hay nada mejor que una salsa tradicional natural, capaz
de acompañar la pasta, el pollo y las verduras de verano.

Salsa pesto

100 g de piñones
100 g de queso parmesano, cortado
    en dados
2 dientes de ajo, cortados en cuartos
20 g de hojas de albahaca fresca
20 g de hojas de perejil fresco
100 ml de aceite de oliva, y un poco
    más para conservar

10 minutos • para 300 ml

1 Colocar los piñones, el queso, el ajo, la
albahaca y el perejil en un robot de cocina y batir
hasta que los ingredientes estén picados, pero
sin llegar a conseguir una salsa homogénea.
2 Con el robot en marcha ir vertiendo el aceite
poco a poco, pero a ritmo constante.
3 Probarlo y sazonar si se considera necesario,
pero teniendo en cuenta que el queso
parmesano es salado. Esta salsa se conserva
en la nevera durante una semana, y para
mantenerla fresca hay que cubrirla con una
capa de aceite de oliva.

• Cada ración de 15 ml contiene: 85 kilocalorías,
2,3 g de proteínas, 0,4 g de carbohidratos,
8,2 g de grasa, 1,7 g de grasas saturadas,
0,1 g de fibra, 0,2 g de azúcar, 0,08 g de sal.

Este plato es ideal como entrante o como plato en un bufet.

Verduras con alioli a las hierbas

100 g de judías verdes extrafinas
4-6 cebolletas cortadas a lo largo
2-3 cogollos de lechuga, cortados
   en cuñas
4 calabacines cortados en palitos finos
1 bulbo de hinojo cortado en cuñas
   (opcional)

PARA EL ALIOLI A LAS HIERBAS
1 diente de ajo machacado
½ cucharada de mostaza de Dijon
la yema de 1 huevo
150 ml de aceite de oliva virgen extra
   (si tiene un sabor muy afrutado,
   sustituir la mitad por aceite de
   girasol)
3-4 cucharadas de albahaca, menta
   o perejil fresco picado
zumo de limón recién exprimido
   al gusto

20-25 minutos • 6-8 raciones

1 Escaldar las judías verdes en agua hirviendo con sal durante 3-4 minutos. Refrescarlas con agua fría, escurrirlas y reservar.
2 Para preparar el alioli, batir el ajo, la mostaza y una pizca de sal. Añadir la yema del huevo y batir de nuevo. Verter el aceite gota a gota sin dejar de batir. Cuando la mezcla empieza a coger cuerpo, agregar un hilito de aceite removiendo sin parar. Si la mezcla queda muy espesa, verter dos o tres cucharadas de agua caliente para conseguir la consistencia adecuada para impregnar las verduras. Espolvorear las hierbas picadas, probar y si es necesario agregar unas gotas de zumo de limón y sal.
3 Pasar el alioli a un cuenco, tapar y conservar en la nevera hasta que se vaya a utilizar. Esta salsa puede prepararse con antelación. Disponer las verduras en una fuente y servir con el alioli.

• Cada ración para 6 contiene: 243 kilocalorías, 3 g de proteínas, 3 g de carbohidratos, 24 g de grasa, 4 g de grasas saturadas, 2 g de fibra, 0 g de azúcar, 0,04 g de sal.

Después de preparar y saborear esta sopa, difícilmente se volverá
a utilizar la versión enlatada.

Sopa de tomate con gremolada

1 cebolla pelada y picada
2 dientes de ajo pelados y machacados
4 cucharadas de aceite de oliva
2 kg de tomates
2 cucharadas de azúcar
2 cucharadas de vinagre de vino
blanco

PARA LA GREMOLADA
el zumo y la corteza rallada de 1 limón
3 cucharadas de aceite de oliva
2 dientes de ajo pelados y machacados
unas hojas de perejil muy picadas

1 hora 10 minutos • 4 raciones

1 En una cazuela poco honda sofreír la cebolla
y el ajo en aceite de oliva a fuego lento durante
8 minutos, sin que se doren. Trocear los tomates
e incorporarlos a la cazuela, junto con 750 ml
de agua, el azúcar y el vinagre. Sazonar. Llevar
a ebullición y hervir a fuego lento durante
35 minutos, removiendo de vez en cuando.
2 Batirlos con un batidor de varillas hasta
conseguir una textura homogénea. Si se desea
una sopa sin grumos, pasarla por el tamiz,
pero es un trabajo complejo.
3 Para preparar la gremolada, mezclar la corteza
y el zumo de limón, el aceite de oliva, el ajo y
el perejil. Verter la mezcla sobre la sopa y servir.

• Cada ración contiene: 307 kilocalorías,
4 g de proteínas, 27 g de carbohidratos,
21 g de grasa, 3 g de grasas saturadas,
6 g de fibra, 25 g de azúcar, 0,13 g de sal.

Para dar un toque cítrico a esta sopa, agregar la corteza de un limón
en el momento de añadir la salsa pesto.

Sopa veraniega con pesto

1 calabacín partido por la mitad
y cortado en rodajas finas
200 g de guisantes congelados,
previamente descongelados
1 cubito de caldo o caldo concentrado
de verduras o pollo
250 g de arroz basmati cocido
(o arroz que haya sobrado)
100 g de espinacas baby envasadas
4 cucharadas de pesto fresco
(comercial o preparado en casa
para obtener mejor sabor y color)
aceite de oliva para rociar (opcional)
queso parmesano recién rallado y pan
crujiente para servir

15 minutos más el tiempo de
descongelación • 4 raciones

1 Hervir agua en un hervidor. Poner el calabacín
y los guisantes en una fuente grande y cubrirlos
con el agua hirviendo. Tapar y dejar escaldar
durante 3 minutos hasta que las verduras se
haya ablandado ligeramente. Mientras, volver a
conectar el hervidor y preparar 600 ml de caldo,
probarlo para saber si es necesario sazonar ya
que esta es la base de la sopa.
2 Escurrir las verduras y devolverlas a la fuente
junto al arroz y las hojas de espinacas. Verter el
caldo caliente, tapar y dejar otros 2 minutos hasta
que se hayan calentado todos los ingredientes
y las hojas de espinacas estén arrugadas.
3 Sazonar al gusto y repartir la sopa en cuatro
cuencos. Agregar un chorrito de pesto y aceite
de oliva, si se utiliza, y el queso parmesano.
Servir con pan crujiente.

• Cada ración contiene: 176 kilocalorías,
9 g de proteínas, 25 g de carbohidratos,
5 g de grasa, 2 g de grasas saturadas,
4 g de fibra, 0 g de azúcar, 1,4 g de sal.

Una sopa templada, reconfortante y nutritiva que es a su vez un plato rápido de preparar y bajo en calorías.

Sopa de pescado mediterránea con tropezones

500 g de salsa napolitana (tomate y albahaca)
450 ml de caldo de pescado
2 calabacines cortados muy finos
1 bulbo de hinojo cortado en juliana
450 g de filetes de pescado blanco
unas hojas de albahaca troceadas

PARA SERVIR
1 cucharadita de salsa de chile chipotle en adobo o pasta de chile
5 cucharadas de crema de leche semidescremada

15-20 minutos • 4 raciones

1 Poner en una cazuela la salsa napolitana y el caldo, llevar a ebullición y hervir a fuego lento durante 2-3 minutos. Agregar los calabacines y el hinojo, y cocer a fuego lento durante 2 minutos.
2 Cortar los filetes de pescado en trozos de unos 4 cm y añadirlos al caldo. Hervir a fuego mínimo durante 2-3 minutos, o hasta que el pescado esté cocido, sin remover con frecuencia el caldo, para evitar que los trozos de pescado se desmenucen. Espolvorear la albahaca, remover cuidadosamente, y sazonar si es necesario.
3 Mezclar el chile chipotle o la pasta de chile con la crema de leche y sazonar. Disponer la sopa en cuencos y echar un poco de la mezcla de crema de leche por encima.

• Cada ración contiene: 164 kilocalorías, 23 g de proteínas, 9 g de carbohidratos, 4 g de grasa, 1 g de grasas saturadas, 3 g de fibra, 5 g de azúcar, 1,83 g de sal.

Durante la temporada de los melocotones, este apetitoso plato está siempre presente en la carta de todos los restaurantes de Italia.

Melocotones envueltos con jamón

1 chile rojo sin semilla y muy picado
8 cucharadas de aceite de oliva
3 melocotones, cada uno cortado
    en 4 cuñas
2 bolas de 125-150 g de mozzarella
    troceadas en 12 pedazos
12 lonchas de jamón serrano
unas hojas de rúcula para servir

20 minutos • 4 raciones

1 Mezclar el chile con el aceite y reservar.
2 Coger una cuña de melocotón, agregarle la mozzarella y enrollar una loncha de jamón alrededor.
3 Colocar tres cuñas de melocotón en cada plato, esparcir las hojas de rúcula y rociar el aceite con chile antes de servir.

• Cada ración contiene: 483 kilocalorías,
24 g de proteínas, 7 g de carbohidratos,
40 g de grasa, 13 g de grasas saturadas,
1 g de fibra, 6 g de azúcar, 2,79 g de sal.

Un helado puede parecer una idea descabellada como entrante;
sin embargo, cuando se prueba, se cambia totalmente de idea.

Granizado de tomate y albahaca

900 g de tomates muy maduros
1 cucharadita de sal
1 cucharada de azúcar
1 diente de ajo pelado y muy picado
1 cucharadita de pimienta negra molida
1 cucharada de vinagre de vino tinto
unas hojas de albahaca

25 minutos, más el tiempo
de maceración • 8 raciones

1 Picar los tomates y ponerlos junto al resto
de ingredientes, excepto la albahaca, en una
fuente. Si se tiene tiempo, dejarlos macerar
toda la noche a temperatura ambiente.
2 Enfriar en el congelador una bandeja de
metal. Batir todos los ingredientes con una
batidora, por tandas, y luego pasarlos por el
tamiz. Agregar las hojas de albahaca troceadas.
3 Poner la mezcla en la bandeja, tapar
con papel transparente y congelar hasta
que los bordes estén congelados pero el centro
esté medio derretido. Con tenedor romper el
hielo en pequeños cristales. Volver a poner la
bandeja en el congelador y repetir el proceso
de picar el hielo cada media hora (por lo menos
tres veces) hasta que esté completamente
congelado y tenga la textura de la nieve.

• Cada ración contiene: 30 kilocalorías, 1 g de proteínas,
6 g de carbohidratos, 0 g de grasa, 0 g de grasas
saturadas, 1 g de fibra, 6 g de azúcar, 0,65 g de sal.

Este picadillo es la versión mediterránea de la salsa de tomate
que se usa para la pasta o para el aliño de la ensalada. Si sobra,
puede conservarse en la nevera durante tres días.

Picadillo de tomate con vieiras

PARA EL PICADILLO

100 ml de aceite de oliva virgen extra

2 dientes de ajo pelados y laminados
   muy finamente

1 cucharadita de semillas de cilantro

500 g de tomates maduros

3 cucharadas de vinagre de vino tinto

unas hojitas de albahaca, de cilantro
   y de perejil muy picadas

PARA LAS VIEIRAS

12 vieiras grandes

aceite de oliva para rociar

35 minutos • 4 raciones

1 Para preparar el picadillo, calentar en una
cazuela el aceite, el ajo y el cilantro, y reservar.
Hacer dos cortes en cruz en la base de los
tomates, escaldarlos con agua hirviendo.
Dejarlos durante 10 minutos. Enfriarlos con agua.
2 Pelar y los tomates, retirar las semillas y picar
la pulpa. Ponerla en un cuenco y salpimentarla.
Verter el vinagre, el aceite condimentado y las
hierbas. Reservar como mínimo 20 minutos
para que los sabores se mezclen.
3 Para las vieiras, calentar bien una sartén
y echar las vieiras con unas gotas de aceite
de oliva. Saltearlas durante 1 minuto por cada
lado hasta que estén ligeramente caramelizadas.
Repartir la salsa de tomate en cada plato y poner
encima tres vieiras.

• Cada ración contiene: 387 kilocalorías,
30 g de proteínas, 5 g de carbohidratos,
28 g de grasa, 4 g de grasas saturadas,
1 g de fibra, 4 g de azúcar, 0,88 g de sal.

Este plato es un increíble entrante para disfrutar con los amigos ya que los mejillones se pueden rellenar y cocinar unas horas antes de servirlos. Así en el último momento solo hay que gratinarlos un instante.

Mejillones crujientes

1 kg de mejillones con la concha
50 g de pan rallado tostado
la corteza rallada de 1 limón
100 g de mantequilla con ajo y perejil
    (o mezclar 1 diente de ajo
    machacado y 2 cucharadas
    de perejil fresco muy picado con
    100 g de mantequilla ablandada)

30 minutos • 4 raciones

1 Lavar los mejillones en agua fría, cambiar el agua en varias ocasiones, y quitarles el biso (las «barbas»). Desechar los que estén abiertos y no se cierren al golpearlos un poco.

2 Escurrir los mejillones y colocarlos en una cazuela grande con un poquito de agua. Llevar a ebullición y tapar la cazuela, agitar de vez en cuando hasta que los mejillones se hayan abierto (este proceso requiere 2 o 3 minutos). Escurrir bien y desechar aquellos que continúen cerrados. Calentar el gratinador al máximo.

3 Mezclar el pan rallado con la corteza de limón. Retirar una de las conchas y untar un poco de mantequilla en cada mejillón. Disponerlos en una bandeja para hornear y espolvorear un poco de pan rallado. Gratinar durante 3-4 minutos hasta que estén crujientes.

• Cada ración contiene: 301 kilocalorías, 11 g de proteínas, 15 g de carbohidratos, 22 g de grasa, 13 g de grasas saturadas, 1 g de fibra, 1 g de azúcar, 1,06 g de sal.

La achicoria roja a la parrilla tiene un sabor ligeramente dulce, y acompañada de jamón serrano y queso parmesano resulta un manjar exquisito.

Achicoria roja a la plancha

2 cogollos de achicoria roja
3 cucharadas de aceite de oliva
vinagre balsámico añejo para rociar
8 lonchas de jamón serrano
100 g de virutas de queso parmesano

10 minutos • 4 raciones

1 Quitar las hojas externas de la achicoria y cortarla en cuñas.
2 Calentar una sartén a fuego medio, rociar una cucharada de aceite sobre la achicoria y hacerla a la plancha durante 1-2 minutos hasta que esté arrugada y ligeramente tostada. Retirar del fuego y rociar con un poco más de aceite de oliva y vinagre balsámico.
3 Amontonar las cuñas en el centro de cuatro platos, cubrirlas con el jamón serrano y espolvorear las virutas de queso parmesano.

• Cada ración contiene: 238 kilocalorías, 16 g de proteínas, 3 g de carbohidratos, 18 g de grasa, 7 g de grasas saturadas, 1 g de fibra, 2 g de azúcar, 1,72 g de sal.

Un entrante ideal que puede prepararse con antelación y servirse
caliente o frío acompañado de una ensalada.

Tarrina de cerdo con jamón y orégano

2 rebanadas de pan fresco sin corteza
500 g de carne de cerdo picada
1 cebolla, pelada y picada
1 diente de ajo, pelado y picado
un buen puñado de perejil fresco
1 cucharada de orégano fresco, picado
   o 1 cucharadita del seco
4 cucharadas de queso parmesano
   recién rallado
1 huevo batido
8 lonchas de jamón

1 hora 20 minutos • 8-10 trozos

1 Precalentar el horno a 190 ºC/gas 5/
convección 170 ºC. Picar el pan y mezclar con
la carne en una fuente. Picar el ajo, la cebolla
y las hierbas. Agregar los ingredientes picados
a la fuente con el queso y el huevo. Cortar dos
lonchas de jamón en pedacitos e incorporarlos
a la mezcla y salpimentar.
2 Con el resto del jamón forrar un molde
rectangular de 1,5 l. Verter la mezcla de carne,
apretar y cubrirla con el jamón que sobresale.
Poner el molde en una bandeja para horno
Llenar la bandeja de agua hasta la mitad
del molde y cocer durante 1 hora.
3 Retirar del horno y dejar enfriar 10 minutos.
Escurrir el exceso de líquido, si lo hubiese,
y cortarlo en trozos. Servir caliente o frío.

• Si sirve a 8 comensales cada ración contiene:
180 kilocalorías, 18 g de proteínas, 5 g de carbohidratos,
10 g de grasa, 4 g de grasas saturadas, 1 g de fibra,
1 g de azúcar, 0,63 g de sal.

Servir este plato como entrante con un lavafrutas y un montón
de servilletas para poder pelar los langostinos con los dedos.

Langostinos al estragón

600 g de colas de langostino
    o de gambas crudas sin la cabeza
el zumo de 1 limón
2 cucharadas de aceite de oliva
una nuez de mantequilla
2 chalotas peladas y picadas
1 cucharada de coñac o de brandy
2 cucharadas de estragón fresco
    picado
3 cucharadas colmadas de crema
    de leche
pan crujiente para servir

20-25 minutos • 6 raciones

1 Lavar los langostinos o las gambas,
escurrirlos y ponerlos en una fuente con
el zumo de limón. Calentar el aceite en
una cazuela, añadir los langostinos y freírlos,
removiendo constantemente, durante 5 minutos.
Agregar la mantequilla y las chalotas picadas,
y sofreír durante 2 minutos más. Verter el coñac
y flamear, retirarse una distancia considerable.
2 Cuando la llama se haya apagado,
espolvorear el estragón, la sal, la pimienta
y la crema de leche. Calentar a fuego mínimo
hasta que la nata haya formado una salsa.
3 Repartir en seis cuencos y servir con
pan crujiente, para saborear los jugos,
y los lavafrutas y las servilletas.

• Cada ración contiene: 146 kilocalorías,
15 g de proteínas, 2 g de carbohidratos,
8 g de grasa, 3 g de grasas saturadas,
0 g de fibra, 0 g de azúcar, 1,53 g de sal.

Estos sabrosos y aromáticos pimientos son deliciosos tanto solos como en la salsa de la pasta o la pizza. Si se guardan en un envase hermético en la nevera, se conservarán hasta una semana.

Pimientos al pimentón dulce ahumado

500 ml de aceite de oliva suave
2 cucharaditas de pimentón dulce
   ahumado
1 diente de ajo, pelado y cortado
   en láminas finas
1 cucharada de granos de pimienta
1 cucharada de semillas de hinojo
8 pimientos rojos, partidos por la mitad
8 pimientos amarillos, partidos
   por la mitad
300 ml de vinagre de vino blanco
un puñado de hojas de perejil fresco
   picado (opcional)
una pizca de sal

40 minutos • para llenar 3 tarros
de 500 ml

1 Freír el pimentón y el ajo a fuego mínimo durante 5 minutos, dejar enfriar y escurrir en un tamiz de muselina. En una cazuela freír las especias durante 1 minuto, añadir el aceite con pimentón y reservar.

2 Asar los pimientos en el grill muy caliente durante 15 minutos, o hasta que la piel esté ennegrecida. Ponerlos en bolsas de plástico para alimentos, cerrar y enfriar. Retirarles la piel, el tallo y las semillas, y trocearlos en tiras grandes.

3 Colocar los pimientos, el vinagre y la sal en una cazuela grande con 300 ml de agua hirviendo. Hervirlos 3 minutos y escurrirlos bien. Mezclar con el perejil (si se usa) y ponerlos en tarros. Calentar a fuego lento el aceite especiado, verterlo sobre los pimientos y cerrar el envase.

• Cada tarro sin escurrir contiene: 1.585 kilocalorías, 8,4 g de proteínas, 44,2 g de carbohidratos, 154 g de grasa, 21,3 g de grasas saturadas, 21,3 g de fibra, 41,8 g de azúcar, 1,08 g de sal.

Un excelente tentempié que se puede preparar con antelación, pero las tartaletas hay que montarlas media hora antes de que lleguen los invitados.

Bocaditos de queso feta al pesto y tomate

½ paquete de pasta de hojaldre
   (congelar el resto para otro día)
25 g de queso parmesano muy rallado
20 g de perejil fresco
2 cucharadas de piñones
100 g de queso feta, desmenuzado
1 diente de ajo, pelado y machacado
4 cucharadas de aceite de oliva

PARA SERVIR
12 tomates cherry pequeños, partidos
   por la mitad
aceitunas negras sin hueso

40-45 minutos más 20 minutos
para enfriar • 12 unidades

1 Extender el hojaldre sobre una superficie espolvoreada con queso parmesano. Cortar 12 círculos de 6 cm. Engrasar un molde para 12 pastas redondas. Precalentar el horno a 200 °C/gas 6/convección 180 °C.
2 Pinchar cada base y hornearlas durante 15-20 minutos hasta que se doren. Dejar enfriar en una rejilla metálica. Mientras, poner las hojas de perejil, excepto 12 hojas, en un robot de cocina junto con los piñones y triturar hasta que estén bastante picados. Añadir el queso feta, el ajo y el aceite y batir hasta conseguir una pasta con cuerpo.
3 Colocar una cucharada de queso feta al pesto encima de cada tartaleta y cubrir con dos mitades de tomate cherry. Decorar con el perejil reservado y servir con aceitunas.

• Cada ración contiene: 271 kilocalorías,
7 g de proteínas, 11 g de carbohidratos,
22 g de grasa, 8 g de grasas saturadas,
0 g de fibra, 0 g de azúcar, 0,96 g de sal.

Estos simples tentempiés que no hay que cocinar tienen un aspecto impresionante, además de una textura y un sabor muy mediterráneos.

Surtido de entrantes

200 g de queso ricotta en barra
unos cebollinos
4 tomates secos muy picados
verduras en conservas variadas, como
    berenjenas y pimientos asados,
    corazones de alcachofa, aceitunas
    y cebollas rojas balsámicas
pan de pita tostado o palitos de pan
    para servir

10 minutos • 4 raciones

1 Colocar el queso ricotta en un cuenco y remover para ablandarlo. Trocear el cebollino sobre el queso con las tijeras.
2 Añadir los tomates secos, sazonar al gusto y remover bien.
3 Disponer las verduras en una fuente con el pan de pita tostado o con los palitos de pan, y servir con la salsa.

• Cada ración contiene: 351 kilocalorías, 9 g de proteínas, 17 g de carbohidratos, 28 g de grasa, 7 g de grasas saturadas, 6 g de fibra, 9 g de azúcar, 5,65 g de sal.

Los sabores de esta receta combinan muy bien con pan de pita tostado, hummus y menta. Se puede conservar en la nevera hasta una semana.

Berenjenas y queso feta con chile

8 berenjenas grandes
500 g de escamas de sal marina
   (solo necesitas ⅓ del paquete)
200 ml de vinagre de vino tinto
500 ml de aceite de oliva refinado
3 cucharaditas de orégano seco
1 cucharadita de copos de chile
2 cucharaditas en grano de pimienta
   negra
200 g de queso feta envasado,
   escurrido y cortado en dados

1 hora más una noche • suficiente para llenar 3 tarros de 500 ml

1 La noche anterior, cortar las berenjenas a lo largo, ponerlas por capas en un colador, espolvorear la sal y tapar con un plástico transparente. Apoyar el colador encima de un cazo y dejarlo en la nevera toda la noche.
2 Desechar el jugo de las berenjenas. Llevar el vinagre con la misma cantidad de agua fría a ebullición. Agregar las berenjenas y cocer a fuego lento durante 3 minutos. Escurrir y secar.
3 Calentar una plancha. Untar las tiras de berenjena con un poco de aceite de oliva y asar 2 minutos por cada lado. Calentar en un cazo el aceite, el orégano, el chile y los granos de pimienta a fuego lento. Poner las berenjenas y el queso en tarros y llenarlos con el aceite a las hierbas. Cerrarlos y dejar enfriar.

• Cada tarro sin escurrir contiene: 1.710 kilocalorías, 20,6 g de proteínas, 27,4 g de carbohidratos, 169,5 g de grasa, 29,7 g de grasas saturadas, 21,3 g de fibra, 22,7 g de azúcar, 57,76 g de sal.

Utilizar chorizos pequeños de primera calidad cortados en rodajas gruesas, o pedir que el chorizo que se compra en rodajas finas lo corten más grueso.

Chorizos flameados

PARA LAS PATATAS BRAVAS
5 cucharadas de aceite de oliva
1 cebolla pequeña, pelada y picada
2 dientes de ajo, pelados y picados
227 g de tomate triturado de lata
1 cucharada de salsa de tomate
2 cucharaditas de pimentón dulce
una pizca generosa de chile, en polvo
900 g de patatas cortadas en
    pequeños dados
perejil fresco picado para decorar

PARA EL CHORIZO
200-300 g de chorizo cortado
    en rodajas gruesas o en dados
3 cucharadas de vodka

1 hora 15 minutos • 10-12 raciones
como parte de una comida de tapas

1 Sofreír la cebolla en una cazuela con tres cucharadas de aceite durante unos 5 minutos, o hasta que esté translúcida. Añadir el ajo, los tomates, la salsa de tomate, el pimentón, el chile en polvo y un poco de azúcar y de sal al gusto. Cocer a fuego lento durante 10 minutos hasta que se reduzca el tomate, y luego reservar.
2 Precalentar el horno a 200 ºC/gas 6/ convección 180 ºC. Poner las patatas en una bandeja con el aceite restante y sazonar. Asarlas durante 40-50 minutos hasta que estén crujientes. Disponer las patatas en platos, echar la salsa caliente por encima y espolvorear el perejil.
3 Poner el chorizo en un plato resistente al fuego, verter el vodka y con flamear cuidado. Cuando la llama se haya apagado, servir con las patatas bravas.

• Cada porción contiene: 197 kilocalorías,
6,2 g de proteínas, 18,1 g de carbohidratos,
10,5 g de grasa, 2,6 g de grasas saturadas,
1,6 g de fibra, 2,2 g de azúcar añadido, 0,37 g de sal

Estas brochetas hechas al horno son deliciosas, pero si se cocinan
en la parrilla o a la barbacoa pueden ser aún más sabrosas.

Brochetas de ternera y jamón serrano

3 limones, cada uno cortado
    en 8 cuñas
36 hojas de laurel fresco
12 lonchas de jamón serrano partidas
    por la mitad transversalmente
6 rebanadas gruesas de pan rústico,
    cada rebanada cortada en 4 trozos
4 filetes de ternera, cada uno cortado
    en 6 dados grandes
aceite de oliva para rociar
un puñado de salvia y de tomillo fresco
    muy picado (opcional)

20-30 minutos • 6 raciones

1 Precalentar el horno a 220 °C/gas 7/
convección 200 °C. Ensartar los ingredientes
en las brochetas y para conseguir un resultado
más gustoso seguir el siguiente orden: limón,
hoja de laurel, jamón, pan, ternera, limón, hoja
de laurel, jamón, pan, ternera y hoja de laurel,
y así hasta hacer 12 brochetas en total.
2 Disponerlas en una bandeja para hornear
y rociar el aceite de oliva (las brochetas también
se pueden preparar el día anterior y conservarlas
en la nevera).
3 Espolvorear la salvia y el tomillo (si se utiliza)
y sazonar. Asarlas durante 5 minutos, darles
la vuela y asarlas otros 3 minutos, o hasta
que el pan esté crujiente y la ternera hecha.

• Cada ración contiene: 353 kilocalorías,
36 g de proteínas, 27 g de carbohidratos,
12 g de grasa, 4 g de grasas saturadas,
1 g de fibra, 0 g de azúcar, 1,47 g de sal.

Para las comidas al aire libre, nada como esta forma de preparar
el pescado típica de la cocina italiana tradicional.

Pescado asado con patatas al romero

1 bulbo de hinojo grande muy picado
6 patatas medianas, peladas y cortadas
en láminas finas
8 cucharadas de aceite de oliva
8 dientes de ajo
8 ramitas de romero fresco
2-3 pescados enteros como la dorada,
la lubina, la trucha o el mújol (1,5 kg
en total), limpios y sin escamas
500 g de tomates cherry en rama
ensalada verde para servir

1 hora-1 hora 20 minutos
• 6 raciones

1 Escaldar el hinojo durante 1 minuto y escurrir.
Precalentar el horno a 190 ºC/gas 5/convección
170 ºC. Disponer las patatas laminadas y el
hinojo en una bandeja grande para hornear y
verter por encima tres cuartas partes del aceite.
Machacar 4 dientes de ajo con la piel. Sazonar
las patatas, agregar el ajo y 4 ramitas de romero
troceadas. Mezclar poco a poco todos los
ingredientes para que se impregnen de aceite.
2 Pelar, laminar y majar el ajo restante. Realizar
tres cortes en cada pescado e insertar el ajo.
Salar el pescado y untarlo con aceite. Retirar
las patatas transcurridos 15 minutos y poner
encima el pescado junto con los de tomates.
3 Aceitar un poco más y asar hasta que
las patatas y el pescado estén hechos, unos
25-35 minutos más. Servir con una ensalada.

• Cada ración contiene: 495 kilocalorías,
48 g de proteínas, 26 g de carbohidratos,
23 g de grasa, 3 g de grasas saturadas,
4 g de fibra, 0 g de azúcar, 0,77 g de sal.

Para celebrar la llegada del verano, hay que encender la barbacoa
y preparar este plato aromático y ligeramente ácido.

Cerdo a la barbacoa con salvia y limón

85 g de jamón serrano
la ralladura y el zumo de 3 limones
3 cucharadas de hojas frescas
   de salvia bien picadas
3 solomillos de cerdo de 350-450 g
   sin grasa
aceite para pintar
50 g de mantequilla fría cortada
   en láminas finas
ramitas de salvia fresca para decorar

40-50 minutos • 8 raciones

1 Triturar el jamón serrano, la ralladura de los tres limones, el zumo de 1 limón y medio y las hojas de salvia picadas para hacer una pasta gruesa. Salpimentar.
2 Realizar un corte profundo a lo largo en el centro de cada solomillo. Abrir la carne como si se tratase de una mariposa y aplanarla. Efectuar 10 cortes en cada solomillo y untar la pasta entre los cortes.
3 Pintar la carne con aceite y asarla a la barbacoa, con el lado de la pasta hacia abajo, durante 6-8 minutos. Darle la vuelta y asarla 6-8 minutos más. Pasar el cerdo a una fuente, cubrirlo con las láminas de mantequilla y dejarlas 1 minuto para que se fundan. Rociar el limón restante y espolvorear las ramitas de salvia. Servir cortado en rodajas gruesas.

• Cada ración contiene: 255 kilocalorías, 32 g de proteínas, 1 g de carbohidratos, 13,6 g de grasa, 6 g de grasas saturadas, 0 g de fibra, 0 g de azúcar, 0,62 g de sal.

Esta es una de las numerosas variaciones del pastel de patata
siciliano —*torta di patate*—, un básico en muchas trattorias.
Si se come caliente es delicioso.

Pastel de patata siciliano

1,3 kg de patata harinosa entera
  y con piel
175 g de panceta cortada en dados
250 ml de leche
100 g de mantequilla sin sal
4 huevos batidos
2 dientes de ajo pelados y machacados
200 g de queso parmesano recién
  rallado
6 lonchas de salami italiano, troceado
85 g de queso provolone o caciocavallo
  cortado en dados
140 g de mozzarella cortada en dados
unas hojas de perejil picadas
50 g de pan blanco recién rallado
una hojas de tomillo fresco

2 horas • 12 trozos

1 Precalentar el horno a 190 °C/gas 5/convección
170 °C. Hervir las patatas a fuego lento durante
30-40 minutos. Freír la panceta hasta que se
dore. Pelar las patatas y cortarlas en
trozos. Devolverlas a la cazuela con la leche
y la mayor parte de la mantequilla. Hacer
un puré y mezclarlo con la panceta y el resto
de ingredientes, excepto el pan rallado y el tomillo.
2 Engrasar con mantequilla un molde de tarta
de 23 cm. Cubrirlo con las tres cuartas partes de
pan rallado y verter la pasta de patata. Alisar
la superficie, espolvorear el resto de pan rallado.
3 Hornear durante 1 hora y 10 minutos
hasta que el pastel esté cocido, y el centro
se tambalee ligeramente. Dejarlo reposar
durante 5 minutos y desmoldarlo. Disponer
en una fuente y espolvorear las hojas de tomillo.

• Cada ración contiene: 381 kilocalorías,
20 g de proteínas, 22 g de carbohidratos,
24 g de grasa, 13 g de grasas saturadas,
1 g de fibra, 0 g de azúcar, 1,86 g de sal.

Cocinar una paella en la barbacoa le aporta un sabor extraordinario. Para ello se necesita una paellera grande de unos 40 cm o una sartén amplia y honda.

Paella a la barbacoa

2 litros de caldo de verduras o de pollo
una pizca generosa de hebras
    de azafrán
4 cucharadas de aceite de oliva
100 g de chorizo muy laminado
450 g de pechugas o de muslos
    de pollo sin piel y deshuesados,
    cortados en dados
1 cebolla pelada y cortada en dados
    pequeños
3 dientes de ajo, pelados y muy
    picados
450 g de tomates maduros troceados
1 pimiento rojo sin semillas y troceado
200 g de judías verdes extrafinas,
    cortados los extremos y partidas por
    la mitad
2 cucharaditas de pimentón dulce
450 g de arroz de grano corto y grueso,
    como el de calasparra o el arborio
300 g de gambas grandes crudas
    con la piel
un puñado grande de perejil bien
    picado
cuñas de limón para servir

50 minutos-1 hora 5 minutos • 6 raciones

1 Preparar la barbacoa. Llevar el caldo a ebullición con el azafrán en una cazuela. Colocar una paellera o una sartén amplia en la barbacoa y calentar la mitad del aceite. Freír el chorizo y reservarlo.
2 Verter el aceite restante en la paellera y dorar el pollo. Incorporar la cebolla y el ajo, y saltear durante 3-4 minutos. Agregar los tomates y el pimiento, remover y sazonar. Añadir las judías y el pimentón, y remover de nuevo. Echar el arroz y remover hasta que los granos se hayan impregnado de aceite. Verter dos cazos de caldo caliente y cuando empiece a burbujear, continuar incorporando caldo y removiendo durante 15 minutos.
3 Poner el chorizo en la paellera, y añadir las gambas. Cuando adquieran un color rosado (2-3 minutos), sazonar, retirar del fuego, tapar con papel, dejar reposar 5 minutos y espolvorear el perejil.

• Cada ración contiene: 525 kilocalorías, 34,5 g de proteínas, 69,7g de carbohidratos, 13,9 g de grasa, 3 g de grasas saturadas, 5,3 g de fibra, 8,7 g de azúcar, 0,94 g de sal.

El nombre de *pissaladière* proviene del término *pissasat*, palabra provenzal que significa «puré de anchoas». Para darle un toque especial, en el momento de sacar la pissaladière del horno, basta rociarla con aceite de oliva.

Pissaladière

PARA LA MASA

200 g de harina de fuerza no integral
1 cucharadita de sal
2 cucharaditas de levadura seca
   instantánea
150 ml de agua caliente
1 cucharada de aceite de oliva

PARA EL RELLENO

4 cucharadas de aceite de oliva,
   y un poco más para rociar
1 kg de cebollas, peladas y cortadas
   en juliana
un ramillete de tomillo fresco
2 tomates sin piel y picados
2 latas de 80 g de filetes de anchoa
   escurridos, los que sean muy
   gruesos partidos por la mitad
unas aceitunas negras sin hueso

2 horas-2 horas 15 minutos
• 6-8 raciones

1 Poner la harina, la sal y la levadura en una fuente, y verter el agua y el aceite. Formar una masa suave y amasar durante 5 minutos. Volver a poner la masa en la fuente, tapar y dejar que suba entre 45 minutos y 1 hora y 15 minutos.
2 Sofreír la cebolla 10 minutos hasta que esté transparente. Agregar el tomillo y el tomate, y sazonar. Tapar y cocinar a fuego lento durante 45 minutos hasta que la cebolla esté muy blanda, remover de vez en cuando y los últimos 10 minutos quitar la tapa. Dejar enfriar un poco.
3 Precalentar el horno a 220 ºC/gas 7/ convección 200 ºC. Engrasar con aceite una bandeja para horno poco honda. Amasar un poco la masa y extenderla sobre la bandeja. Esparcir encima la cebolla y las anchoas en forma de cruz. Decorar con las aceitunas y hornear 25-30 minutos hasta que la masa esté dorada.

• Cada ración contiene: 400 kilocalorías, 13 g de proteínas, 30 g de carbohidratos, 15 g de grasa, 1.4 g de grasa saturada, 4 g de fibra, 0 g de azúcar, 3,4 g de sal.

Exquisitas pechugas de pollo ideales para comer al aire libre un día
de verano. Servirlas con una ensalada simple.

Pollo relleno de estragón y almendras

4 pechugas de pollo, deshuesadas
y sin piel

50 g de mantequilla ligera con sal,
ablandada

1 cucharadita de estragón fresco bien
picado, y un poco más para
aderezar

1 cucharadita de perejil fresco bien
picado

½ cucharadita de cebollino fresco
troceado finamente con las tijeras

25 g de almendras molidas

4 lonchas delgadas y grandes de jamón
serrano

40-50 minutos • 4 raciones

1 Precalentar el horno a 200 °C/gas 6/
convección 180 °C. Secar el pollo con papel de
cocina. Realizar tres cortes a lo largo en la parte
superior de cada pechuga. Batir la mantequilla y
las hierbas y agregar las almendras y una pizca
de sal. Introducir la mezcla en los cortes de cada
pechuga.

2 Envolver cada pieza con una loncha
de jamón, haciendo coincidir los extremos.
Colocarlas en un plato refractario engrasado
y cubrirlas con papel de estraza o de aluminio
sin apretar.

3 Asar el pollo durante 20 minutos (los últimos 5,
sin papel). Dejarlo enfriar 5 minutos, disponerlo
en platos y esparcir la mantequilla fundida que
se ha acumulado en el fondo del plato refractario.
Aderezar con el resto de estragón.

• Cada ración contiene: 311 kilocalorías,
39 g de proteínas, 1 g de carbohidratos,
17 g de grasa, 8 g de grasas saturadas,
1 g de fibra, 0 g de azúcar, 1,05 g de sal.

Para darle un toque especial a la pasta y degustar los sabores del mediterráneo nada más apropiado que estos tagliatelle al estilo español.

Tagliatelle con marisco al estilo español

una pizca generosa de hebras de azafrán
3 cucharadas de aceite de oliva
3 pechugas de pollo, deshuesadas y sin piel, cortadas en trozos pequeños
1 cebolla mediana, pelada y muy picada
2 dientes de ajo, pelados y machacados
2 hojas de laurel
2 pimientos rojos sin semillas y cortados en juliana
175 g de guisantes frescos o congelados
175 g de habas frescas o congeladas
150 ml de vino blanco
650 g de mejillones frescos
425 ml de caldo de pollo
400 g de tagliatelle
450 g de gambas grandes crudas peladas
300 ml de nata líquida
un buen puñado de perejil fresco picado
cuñas de limón y pan para servir

50-60 minutos • 6 raciones

1 Poner el azafrán y dos cucharadas de agua hirviendo en un cuenco, y reservar. Sofreír el pollo con aceite 4-5 minutos. Añadir la cebolla y el ajo, y rehogar otros 3-4 minutos. Echar las hojas de laurel y los pimientos, y saltear 4-5 minutos. Incorporar los guisantes y las habas, rehogar 2-3 minutos y reservar.
2 Llevar el vino a ebullición en una cazuela grande. Echar los mejillones, tapar y cocer durante 3-5 minutos. Desechar los que no se hayan abierto. Escurrir y verter el líquido en el pollo. Verter el caldo de pollo y el azafrán.
3 Cocer los tagliatelle como indica el envase. Guisar el pollo a fuego lento 2 minutos, añadir las gambas y cocerlas 1 minuto, y por último echar la nata y cocinarla 2-3 minutos. Agregar los mejillones y el perejil, y sazonar. Escurrir la pasta y verterla sobre la salsa.

• Cada ración contiene: 724 kilocalorías, 49 g de proteínas, 57 g de carbohidratos, 33 g de grasa, 16 g de grasas saturadas, 6 g de fibra, 0 g de azúcar, 3,54 g de sal.

Esta tarta combina los ligeros sabores mediterráneos de los pimientos, las aceitunas y los tomates con el queso de cabra. Un exquisito plato para compartir con la familia y los amigos.

Tarta de queso de cabra y pimiento rojo

2 cebollas rojas grandes peladas
  y cortadas en juliana
2 cucharadas de aceite de oliva
1 cucharada de vinagre balsámico
12 aceitunas negras sin hueso
  y troceadas
2 pimientos rojos, partidos por la mitad
  (si es posible, escogerlos cónicos,
  con forma de corazón)
200 g de pasta brisa lista para cocinar
150-200 g de queso rulo
  de cabra cortado en rodajas
250 g de tomates cherry
hojas de orégano y de albahaca frescas

1 hora • 4-6 raciones

1 Dorar la cebolla en aceite durante 6-7 minutos. Verter el vinagre y una cucharada de agua, y cocinar unos 2-3 minutos. Agregar las aceitunas y enfriar. Asar los pimientos y pelarlos.
2 Precalentar el horno a 200 ºC/gas 6/ convección 180 ºC. Forrar un molde de tarta de 23-24 cm con la masa y cubrirla con papel de horno y judías; hornear 10 minutos. Retirar el papel y las judías y hornear 5 minutos más.
3 Extender la cebolla sobre la masa. Poner encima los pimientos con la parte cortada hacia arriba. Colocar en cada mitad de pimiento unas rodajas de queso de cabra y meter los tomates entre los pimientos. Hornear durante 20-25 minutos. Espolvorear por encima las hierbas.

• Si el plato es para 4 comensales, cada ración contiene: 471 kilocalorías, 13 g de proteínas, 37 g de carbohidratos, 31 g de grasa, 13 g de grasas saturadas, 4 g de fibra, 12 g de azúcar, 1,35 g de sal.

Un nuevo y sabroso plato a la barbacoa.

Pollo asado con pan y jamón crujiente

100 g de mantequilla ablandada

4 dientes de ajo, pelados y machacados

2 cucharadas de aceite de oliva

6 lonchas de jamón serrano
(un paquete de 85 g)

6 pechugas de pollo de 175 g
deshuesadas y sin piel

2 latas de 400 g de tomate triturado

150 ml de caldo de pollo o de verduras

4 ramas de orégano fresco, retiradas
las hojas y picadas

400 g de judías cannellini de lata,
lavadas y escurridas

1 barra de pan de chapata, cortada
en 12 rebanadas

250 g de tomates cherry, partidos
por la mitad

18 hojas de albahaca fresca, la mitad
de las hojas picadas, y la otra enteras

hojas de ensalada mixta aliñada
con el aderezo favorito para servir

50 minutos-1 hora • 6 raciones

1 Preparar la barbacoa. Mezclar la mantequilla con la mitad de los ajos. En una bandeja para asar con aceite freír el jamón serrano hasta que esté crujiente. Sazonar el pollo y dorarlo por ambos lados. Agregar los ajos restantes, el tomate triturado, el caldo y el orégano. Cocer a fuego lento 3 minutos, dar la vuelta al pollo y guisar otros 3 minutos.

2 Añadir las judías, dar la vuelta al pollo y cocer a fuego lento durante 3 minutos, girar de nuevo y cocinar otros 3 minutos. Sazonar y cuando el pollo esté casi hecho. Tostar el pan.

3 Incorporar al pollo los tomates y la albahaca picada. Cuando los tomates estén blandos cubrir con el jamón serrano y las albahaca. Untar el pan con la mantequilla y colocarlo, alrededor del pollo. Servir con una ensalada.

• Cada ración contiene: 550 kilocalorías, 54,5 g de proteínas, 32 g de carbohidratos, 23 g de grasa, 11 g de grasas saturadas, 5 g de fibra, 0 g de azúcar, 2,59 g de sal.

Un bocadillo sustancioso con especias aromáticas mediterráneas.
Si se prefiere un sabor verdaderamente rústico, el cordero
también puede cocinarse en la barbacoa.

Cordero al estilo turco

4 filetes de pierna de cordero
1 cucharadita de comino molido y otra
   de cilantro picado
1 diente de ajo, pelado y machacado
1 cucharadita de orégano seco
   o de hierbas variadas
un puñadito de hojas de menta fresca,
   picadas
300 g de yogur natural desnatado
4 pitas de pan blanco o integral
½ lechuga iceberg
1 cebolla roja
1 limón cortado en cuñas para exprimir
   (opcional)

20 minutos • 4 raciones

1 Calentar la parrilla al máximo. Sazonar el cordero con sal y pimienta, y hacerlo a la parrilla 2 minutos por cada lado hasta que esté dorado pero continúe bastante crudo. Mientras tanto, mezclar el comino, el cilantro, el ajo, el orégano y la mitad de la menta en uno de los envases de yogur. Cubrir el cordero con la mezcla y hacer a la parrilla otros 2-3 minutos, o hasta que el yogur burbujee y la carne esté cocida al gusto.
2 Dejar reposar la carne en una tabla durante unos minutos mientras se tuesta el pan de pita. Pelar la cebolla roja y cortar en juliana la cebolla y la lechuga. Mezclar el resto de menta con el segundo yogur.
3 Cortar la carne en tiras gruesas e introducirla en el pan de pita junto con la ensalada y el yogur a la menta. En el momento de comer el bocadillo, puede aliñarse con el zumo de limón.

• Cada ración contiene: 502 kilocalorías,
48 g de proteínas, 51 g de carbohidratos,
13 g de grasa, 6 g de grasas saturadas,
3 g de fibra, 9 g de azúcar añadido, 1,53 g de sal.

Suculentas brochetas repletas de sabores de la Provenza.
Según el tiempo que haga se pueden asar a la parrilla, a la plancha
o a la barbacoa.

Brochetas de cerdo a la provenzal

600 g de filete de cerdo
1 manojo de cebolletas
2 cucharaditas de hierbas de la
provenza secas
la corteza bien rallada y el zumo
de 1 limón
1 cucharada de miel clara
1 cucharada de aceite de oliva

16-20 minutos • 4 raciones

1 Cortar los filetes en trozos pequeños,
y las cebolletas a lo largo en trozos de 3 cm.
2 En una fuente, mezclar las hierbas, la corteza
y el zumo de limón, la miel, el aceite y un poco
de sal. Añadir el cerdo y las cebolletas,
y remover bien hasta que todos los trozos de
carne se hayan impregnado uniformemente.
3 Ensartar alternando la carne y las cebolletas
en 4 u 8 brochetas. Calentar una plancha
o una parrilla y cuando esté muy caliente hacer
las brochetas durante 6-8 minutos, girándolas
de vez en cuando, hasta que adquieran un color
dorado.

• Cada ración contiene: 220 kilocalorías,
38 g de proteínas, 3 g de carbohidratos,
6 g de grasa, 2 g de grasas saturadas,
0 g de fibra, 2 g de azúcar, 0,2 g de sal.

Servir este plato único y rápido de preparar con arroz; para
dedicarle incluso menos tiempo, se puede acompañar con cuscús
o pan de pita tostado.

Cordero al estilo magrebí

un manojo de acelgas
1 cucharada de aceite de oliva
600 g de paletilla de cordero cortada
   en dados
1 cebolla pelada y cortada en juliana
2 dientes de ajo, pelados y laminados
1 cucharadita de semillas de cúrcuma,
   otra de comino y otra de semillas
   cilantro todo molido
una pizca de copos de chile
400 ml de caldo de cordero o de pollo
un puñado de pasas
un puñado de piñones tostados
   para servir

30 minutos • 4 raciones

1 Separar las hojas de las acelgas de los
tallos. Cortar los tallos en forma de bastones,
y las hojas en juliana. Reservarlos por separado.
2 Calentar el aceite en una sartén y dorar el
cordero durante 5-6 minutos a fuego intenso.
Añadir la cebolla, el ajo, los tallos de acelga
y las especias, y continuar cocinando durante
3-4 minutos hasta que estén tiernos. Verter
el caldo, esparcir las pasas y hervir a fuego lento
durante 4-5 minutos hasta conseguir una salsa.
3 Incorporar las hojas de acelga al caldo
y cocer hasta que se arruguen, sazonar,
espolvorear los piñones para decorar y servir.

• Cada ración contiene: 438 kilocalorías,
38 g de proteínas, 12 g de carbohidratos,
27 g de grasa, 10,04 g de grasas saturadas,
0,8 g de fibra, 7,7 g de azúcar, 1 g de sal.

Este plato se prepara en poco tiempo; por tanto, es la forma perfecta
de acabar una dura jornada de trabajo.

Cerdo balsámico con aceitunas

3 cucharadas de aceite de oliva
3 cucharadas de vinagre balsámico
1 cucharadita de mostaza de Dijon
2 dientes de ajo pelados y machacados
4 chuletas de cerdo deshuesadas
2 puñados de aceitunas verdes sin
   hueso y partidas por la mitad
un puñado generoso de albahaca
   picada
pasta cocida para servir

20 minutos • 4 raciones

1 Mezclar el aceite con el vinagre, la mostaza y el ajo. Marcar la carne por ambos lados, sazonar y colocarla en un plato. Cubrir con la mezcla balsámica y dejar marinar durante 5 minutos.
2 Calentar una plancha hasta que esté bien caliente. Sacar las chuletas de la marinada, retirar el ajo que pueda quedar y reservarla. Hacer el cerdo durante 4 minutos por cada lado, retirarlo y mantenerlo caliente.
3 Verter la marinada en la plancha con las aceitunas y cocinar durante 2 minutos, luego espolvorear la albahaca. Echar en la plancha los jugos que hayan desprendido las chuletas, rociar la salsa sobre el cerdo y servir con la pasta.

• Cada ración contiene: 487 kilocalorías,
27 g de proteínas, 2 g de carbohidratos,
41 g de grasa, 13 g de grasas saturadas,
1 g de fibra, 2 g de azúcar, 0,51 g de sal.

Una combinación de lujo: el pollo, el jamón serrano y la salsa cremosa hacen que este plato resulte impresionante para una cena con amigos entre semana. Servirlo con un poco de pasta fresca.

Pollo con jamón serrano y salvia crujiente

2 pechugas de pollo, deshuesadas
   y sin piel
4 lonchas de jamón serrano
1 cucharada de harina
1 cucharada de aceite de oliva
un puñado de hojas de salvia
25 g de mantequilla
150 ml de vino blanco
4 cucharadas de nata líquida
   o de crema de leche

20 minutos • 2 raciones

1 Colocar las pechugas de pollo entre dos hojas de papel aceitado y aplanarlas con un rodillo hasta conseguir el doble del tamaño original. Poner encima de cada pechuga dos lonchas de jamón y asegurarlas con unos palillos. Espolvorear un poco de harina, sazonar y reservar.

2 Calentar el aceite en una sartén y freír las hojas de salvia durante 30 segundos hasta que estén crujientes. Retirar y secar con papel de cocina. Poner la mantequilla en la sartén y dorar el pollo 3-4 minutos por cada lado.

3 Retirar el pollo y reservarlo. Verter el vino y reducirlo a la mitad, raspando los restos que hayan quedado pegados en la sartén. Echar la nata líquida o la crema de leche, incorporar el pollo y calentar. Esparcir las hojas de salvia y servir.

• Cada ración contiene: 667 kilocalorías,
34 g de proteínas, 14 g de carbohidratos, 48 g de grasa,
20 g de grasas saturadas, 0 g de azúcar, 1,96 g de sal.

Un plato exquisito y reconfortante que se prepara en poco tiempo.

Medallones de cerdo con crema de leche y ciruelas

2 solomillos de cerdo gruesos
(unos 500 g en total) cortados en
medallones
2 cucharadas de harina sazonada
25 g de mantequilla
20 ciruelas pasas sin hueso
2 cucharadas de coñac
300 ml de vino blanco
1 cucharada de mostaza de Dijon
1 cucharada de gelatina de grosella
roja
200 ml de crema de leche
tagliatelle y brécol o ensalada verde
para servir

25 minutos • 4 raciones

1 Espolvorear un poco de harina sobre el cerdo. Calentar la mantequilla en una sartén antiadherente y freír los medallones durante 3 minutos por cada lado.

2 Retirarlos de la sartén e incorporar las ciruelas, el coñac, el vino, la mostaza y la gelatina de grosella roja, y hervir a fuego lento hasta que los líquidos se hayan reducido a la mitad.

3 Verter la crema de leche para obtener una salsa cremosa, sazonar bien y volver a poner los medallones para calentarlos. Servir con tagliatelle y brécol o ensalada verde.

• Cada ración contiene: 600 kilocalorías, 31 g de proteínas, 35 g de carbohidratos, 34 g de grasa, 19 g de grasas saturadas, 4 g de fibra, 28 g de azúcar, 0,85 g de sal.

Intentar comprar pescado procedente de la pesca sostenible.

Este plato combina muy bien con espinacas y patatas.

Lenguado al horno con limón y uvas

50 g de mantequilla

2 lenguados enteros sin piel

2 puñados de uvas blancas sin pepitas

1 vaso de vino blanco

30 minutos • 2 raciones

1 Precalentar el horno a 210 °C/gas 7/ convección 190 °C. Utilizar la mitad de la mantequilla para engrasar una fuente refractaria grande, a continuación poner los lenguados, esparcir las uvas y verter un chorrito de vino.

2 Hornear el pescado durante 15-20 minutos hasta que esté cocido y la carne se desprenda de la espina.

3 Con una pala para pescado disponer con cuidado el pescado en los platos y colocar la fuente en el fuego. Verter el vino restante y llevar a ebullición durante 4-5 minutos hasta que se haya reducido y quede viscoso. Agregar la mantequilla restante, sazonar si es necesario y verter los jugos sobre el pescado.

• Cada ración contiene: 401 kilocalorías, 33 g de proteínas, 4 g de carbohidratos, 24 g de grasa, 14 g de grasas saturadas, 0 g de fibra, 4 g de azúcar añadido, 0,85 g de sal.

Cuando no se tiene grappa, el vino blanco es una buena alternativa.

Pollo asado con grappa

100 g de harina

2 pizcas generosas de hebras
   de azafrán machacadas con la mano
   del mortero

6 pechugas de pollo, con hueso y piel

6 cucharadas de aceite de oliva virgen
   extra

4 boniatos grandes (1,5 kg en total),
   pelados y cortados en trozos
   grandes

150 ml de leche entera

140 g de queso taleggio troceado

8 cucharadas de grappa (aguardiente
   italiano)

4 puñados de uvas rojas sin pepitas

40-45 minutos • 6 raciones

1 Precalentar el horno a 200 °C/gas 6/
convección 180 °C. Mezclar la harina
y el azafrán, rebozar el pollo y sacudir el
exceso de harina. Calentar aceite en una fuente
de horno y dorar el pollo. Cubrir con papel de
aluminio y asar durante 20 minutos, los últimos
5 sin papel.

2 Hervir los boniatos hasta que estén tiernos,
escurrirlos y hacer un puré. Sazonarlo y
mezclarlo con la leche y el queso a fuego
bajo hasta conseguir una mezcla homogénea.

3 Cuando el pollo esté asado, poner la fuente
en el fogón y añadir la grappa y las uvas.
Calentar, retirar del fuego y flamear. Cuando
la llama se haya apagado, hervir a fuego lento
durante 30 segundos. Servir el pollo encima del
puré de boniato rociado con la salsa de uvas.

• Cada ración contiene: 689 kilocalorías,
43 g de proteínas, 71 g de carbohidratos,
23 g de grasa, 8 g de grasas saturadas,
7 g de fibra, 0 g de azúcar, 1,44 g de sal.

A la parrilla, a la plancha, asados y estofados

Un plato mediterráneo que hace la boca agua. Servirlo con cuñas de patatas asadas al ajillo.

Pescado italiano con tomates al ajillo

2 dientes de ajo con piel
3 cucharadas de aceite de oliva
100 g de aceitunas negras sin hueso
900 g de tomates preferiblemente
    en rama
2 chiles rojos medianos, sin semillas
    y picados
3 cucharadas de salsa de pesto fresco
2 filetes de bacalao sin hueso (de unos
    450 g cada uno) de pesca sostenible
la corteza bien rallada de 1 limón
    pequeño
12 lonchas de jamón serrano

1 hora 5 minutos • 6 raciones

1 Precalentar el horno a 200 °C/gas 6/
convección 180 °C. Asar el ajo en una fuente
de horno con dos cucharadas de aceite;
15 minutos; retirar del horno. Añadir
las aceitunas, los tomates y el chile.
2 Untar uno de los lados del bacalao con
el pesto, espolvorear la ralladura de limón y
sazonar. Poner el otro filete de bacalao encima
y envolver, sin apretar, con el jamón serrano y
doblar los extremos. Sazonar con sal y rociar
el aceite restante. Colocar el pescado encima
de una rejilla y esta sobre una bandeja para
horno y asarlo durante 20 minutos.
3 Disponer el bacalao en un plato. Machacar
los ajos en los jugos del pescado y tirar la piel.
Cortar el bacalao en rodajas y servirlo con las
aceitunas, los tomates, el chile y los jugos.

• Cada ración contiene: 326 kilocalorías,
40 g de proteínas, 5 g de carbohidratos,
16 g de grasa, 3 g de grasas saturadas,
2 g de fibra, 0 g de azúcar, 3,12 g de sal.

El zumo de naranja y el jerez dan una salsa muy sabrosa
para rociar las pulardas en el momento de servir.

Pulardas asadas con orégano,
naranja y jerez

4 pulardas pequeñas
2 cucharadas de aceite de oliva
2 cucharaditas de orégano seco
2 naranjas
4 cucharadas de jerez seco

45-50 minutos • 4 raciones

1 Precalentar el horno a 190 °C/gas 5/
convección 170 °C. Colocar las pulardas
en una bandeja para hornear y rociar el aceite,
espolvorear el orégano y sazonar con pimienta
y sal
2 Asarlas durante 15 minutos, y a continuación
añadir la ralladura de una de las naranjas,
el zumo de las dos naranjas y el jerez.
3 Volver a ponerlas en el horno y asarlas
durante 20-25 minutos, o hasta que estén
cocidas.

• Cada ración contiene: 549 kilocalorías,
45 g de proteínas, 4 g de carbohidratos,
38 g de grasa, 10 g de grasas saturadas,
0 g de fibra, 0 g de azúcar añadido, 0,67 g de sal.

La preparación de este plato es tan sencilla que, mientras el cordero se asa en el horno, permite disfrutar de una copa de vino y soñar con las islas griegas.

Cordero asado al estilo griego

2 cucharadas de aceite de oliva
1 pierna de cordero (de aproximadamente 400 g)
1 cebolla roja pequeña pelada, partida por la mitad y cortada en juliana
1 patata mediana, pelada y partida en cuartos
4 dientes de ajo, enteros y pelados
4 ramitas de romero fresco
1 cucharada de salsa de tomate
230 g de tomate triturado de lata
125 ml de vino blanco
pan crujiente para servir

2 horas aproximadamente • 1 ración

1 Calentar el aceite en una cazuela para guisar pequeña o una cazuela refractaria con tapa. Sazonar el cordero con sal y pimienta, y dorarlo uniformemente durante 10 minutos. Retirar de la cazuela y reservar.

2 Precalentar el horno a 180 °C/gas 4/convección 160 °C. Sofreír la cebolla laminada en el mismo aceite del cordero durante unos 8 minutos hasta que coja color. Luego añadir la patata, el ajo y el romero, y continuar sofriendo durante 2 minutos más, para que todos los ingredientes queden impregnados con el aceite.

3 Verter la salsa de tomate, el tomate y el vino blanco, sazonar y hervir a fuego lento. Devolver el cordero a la cazuela, tapar y colocar en el horno. Cocer durante 1hora 30 minutos o hasta que la carne esté bien tierna, dándole la vuelta a mitad de cocción. Servir con pan crujiente.

• Cada ración contiene: 538 kilocalorías, 34 g de proteínas, 19 g de carbohidratos, 34 g de grasa, 12 g de grasas saturadas, 3 g de fibra, 0 g de azúcar, 0,52 g de sal.

Lo sabroso que salga este plato depende de la calidad del vino; por tanto, no queda otro remedio que comprar el de las ocasiones especiales.

Pollo italiano con albahaca y judías

8 muslos de pollo sin piel con el hueso

un buen puñado de albahaca fresca

8 lonchas de jamón serrano u otro jamón curado

2 cucharadas de aceite de oliva

800 g de tomates pequeños amarillos y rojos mezclados, partidos por la mitad o en cuartos dependiendo del tamaño

2 cabezas de ajo, partidas por la mitad

175 ml de vino blanco, preferentemente italiano

400 g de judías cannellini u otra judía blanca de lata, lavadas y escurridas

1 hora 25 minutos • 4 raciones generosas

1 Sazonar el pollo. Colocar una rama de albahaca en cada muslo, envolverlo con una loncha de jamón y doblar los extremos para que coincidan abajo. Precalentar el horno a 160 °C/ gas 3/convección 140 °C. Calentar aceite en una bandeja grande para horno en el fogón. Añadir el pollo y freírlo durante 4 minutos, o hasta que el jamón esté crujiente y el pollo algo dorado.

2 Añadir los tomates, el ajo, el vino y la mitad de las hojas de albahaca. Cubrir con papel de aluminio y hornear 40 minutos.

3 Retirar del horno y subir la temperatura a 220 °C/gas 7/convección 200 °C. Retirar el papel de aluminio y mezclar con las judías. Volver a ponerlo en el horno 30 minutos hasta que el pollo esté muy tierno. Antes de servir, trocear la albahaca restante y remover.

• Cada ración contiene: 455 kilocalorías, 55 g de proteínas, 22 g de carbohidratos, 16 g de grasa, 4 g de grasas saturadas, 6 g de fibra, 10 g de azúcar, 1,79 g de sal.

Un plato fascinante de la cocina española que combina la fruta deshidratada y los frutos secos con otros ingredientes tradicionales.

Ternera estofada con almendras, ciruelas y albaricoques

2 dientes de ajo pelados

3 cucharadas de perejil fresco, picadas

1,3 kg de una pieza de culata
   de ternera

2 cucharadas de harina para enharinar

3 cucharadas de aceite de oliva

1 cebolla mediana, pelada y picada

3 ramitas de tomillo fresco

200 ml de vino blanco

1 tomate grande, troceado

85 g de almendras, tostadas y picadas

10 ciruelas deshidratadas

10 orejones de albaricoque

puré de patatas y ensalada verde
   para servir

2 horas aproximadamente • 6 raciones

1 Machacar el ajo y el perejil con la mano del mortero, y presionarlo sobre la carne. Sazonar con sal y espolvorear ligeramente la carne con harina, de modo que quede cubierta uniformemente.

2 En una cazuela grande calentar el aceite de oliva para estofar y dorar la ternera. Agregar la cebolla, el tomillo y el vino y cocer a fuego medio durante 10 minutos, removiendo con frecuencia. Añadir el tomate y las almendras picadas, tapar y cocinar a fuego medio durante 1 hora 30 minutos.

3 Incorporar las ciruelas y los albaricoques, y cocer tapado otros 15 minutos hasta que la carne esté muy tierna y la salsa haya espesado. (Si la salsa es muy fina, retirar la carne y reducirla un poco a fuego medio.) Disponer la ternera en una fuente caliente y esparcir la salsa alrededor. Servir con puré de patatas y ensalada verde.

• Cada ración contiene: 665 kilocalorías, 49,5 g de proteínas, 21,1 g de carbohidratos, 41,9 g de grasa, 13,8 g de grasas saturadas, 4,0 g de fibra, 16,1 g de azúcar, 0,40 g de sal.

Printanière significa primaveral, y es un plato delicioso
durante la temporada de las habas y los guisantes.

Printanière de cordero

1 kg de paletilla de cordero
　deshuesada
4 chalotas, peladas y cortadas
　en cuartos
mantequilla y aceite de oliva para freír
1 bouquet garni (ramillete formado por
　hierbas aromáticas y especias)
600 ml de caldo
300 ml de vino blanco
4 zanahorias, cortadas en bastoncitos
500 g de patatas nuevas pequeñas
500 g de habas sin vaina
500 g de guisantes frescos sin vaina
3-4 cucharadas de crema de leche
ramitas de perifollo o de perejil fresco
　para aderezar

3 horas 15 minutos aproximadamente
• 4-6 raciones

1　Cortar el cordero en trozos grandes. Sofreír
las chalotas en la mantequilla y el aceite
de oliva hasta que estén transparentes pero
no doradas, y retirarlas con una espumadera.
Dorar el cordero (hay que hacerlo en tandas).
2　Agregar el bouquet garni, el caldo y el
vino, y sazonar con pimienta y sal. Llevar
a ebullición y reducir hirviendo a fuego lento,
tapar bien y cocer durante 1 hora 30 minutos.
Añadir las zanahorias y las patatas, y cocer otros
30 minutos. (Estos pasos pueden realizarse el
día anterior y conservar en la nevera.)
3　Retirar el bouquet garni y agregar las habas
y los guisantes. Cocinar durante 10 minutos,
sazonar bien y verter la crema de leche.
Disponer en platos para sopa y espolvorear
un poco de perifollo o de perejil.

• Cada ración contiene: 1.005 kilocalorías,
64 g de proteínas, 55 g de carbohidratos,
58 g de grasa, 28 g de grasas saturadas,
17 g de fibra, 17 g de azúcar, 1,28 g de sal.

Este plato español se prepara en una cazuela honda para
que la salsa se ligue bien y se reduzca, mientras se cuece.

Pollo en salsa de ajo, hierbas y aceitunas

225 ml de aceite de oliva
2 pollos pequeños con piel, de 1,3 kg
    cada uno, cortados en 8 trozos
6 dientes de ajo pelados
1 cucharada de hojas de tomillo fresco
3 hojas de laurel
300 ml de vino blanco
12 aceitunas manzanilla
puré de patata y ensalada de escarola
    para servir

40 minutos aproximadamente
• 6 raciones

1 Calentar el aceite en una cazuela honda y
dorar el pollo por cada lado a temperatura alta
durante 5 minutos.
2 Agregar el ajo, el tomillo y las hojas de laurel,
y luego verter el vino —con cuidado porque
puede salpicar, por eso es importante poner la tapa
rápido—. Cocer a fuego lento, con la tapa, durante
15-20 minutos hasta que el pollo esté tierno. (La
mezcla del vino con el aceite hace que se produzca
una emulsión. Retirar la tapa cuidadosamente,
transcurridos 10 minutos, y no antes, para ver
si está cremosa. Si no lo está, retirar del fuego,
verter un poquito de agua caliente y volver a ponerlo
a fuego lento hasta terminar de cocinarlo).
3 Sazonar con sal, esparcir las aceitunas
y servir con puré de patatas y ensalada.

• Cada ración contiene: 908 kilocalorías,
56,9 g de proteínas, 3,1 g de carbohidratos,
72,5 g de grasa, 16 g de grasas saturadas,
0,4 g de fibra, 2,3 g de azúcar, 0,87 g de sal.

El cordero cocinado a fuego lento queda más tierno y más sabroso; pero si se le añade esta salsa un poco dulce y sustanciosa, quedará mucho mejor.

Estofado de cordero con queso feta al estilo griego

3 cucharadas de aceite de oliva
700 g de paletilla de cordero
    deshuesada cortada en dados
1 cebolla grande pelada y cortada
    en juliana
1 cabeza de ajo con los dientes
    pelados
1 cucharada de orégano seco
1 berenjena cortada en dados
1 hoja de laurel
300 ml de caldo de cordero
    o de verduras
2 latas de 400 g de tomate triturado
400 g de garbanzos de lata escurridos
50 g de pasas de Corinto

PARA EL CUSCÚS
700 ml de caldo de verduras caliente
450 g de cuscús

PARA CUBRIR
200 g de queso feta desmenuzado
2-3 cucharadas de menta fresca picada

2 horas aproximadamente • 8 raciones

1 Precalentar el horno a 190 °C/gas 5/ convección 170 °C. Calentar el aceite en una cazuela grande y dorar el cordero por tandas. Retirarlo y reservarlo. Añadir la cebolla y sofreír durante 2-3 minutos. Incorporar el ajo, el orégano y la berenjena, y rehogar durante 3-4 minutos.
2 Volver a poner el cordero y los jugos en la cazuela. Agregar la hoja de laurel, el caldo, los tomates, los garbanzos, las pasas y sazonar. Tapar y cocer durante 1 hora y media, o hasta que el cordero esté tierno. Antes de servir, verter el caldo caliente sobre el cuscús. Tapar y dejar reposar durante 5 minutos, separar los granos con un tenedor y sazonar.
3 Mezclar el queso feta y la menta, y ponerlo en un cuenco. Servir el cordero con el cuscús y el queso feta. Esparcir un poco del queso por encima.

• Cada ración contiene: 533 kilocalorías, 28 g de proteínas, 45 g de carbohidratos, 28 g de grasa, 12 g de grasas saturadas, 4 g de fibra, 0 g de azúcar, 1,96 g de sal.

Los albaricoques enteros tienen un aspecto muy agradable,
pero también se pueden partir por la mitad y quitarles el hueso
antes de escalfarlos.

Albaricoques veraniegos a la provenzal

1 botella de 75 cl de vino rosado
    afrutado seco
175 g de azúcar para repostería
1 vaina de vainilla partida con
    un cuchillo y luego a lo largo
    en 4 trozos (mantener las semillas)
700 g de albaricoques frescos maduros
una o media bola de helado de vainilla
    para servir

35-45 minutos • 4 raciones

1 Verter el vino en una cazuela, agregar
el azúcar y los trozos de vainilla. Remover
a fuego lento hasta que el azúcar se haya
disuelto, y luego incorporar los albaricoques.
2 Tapar y escalfar los albaricoques hasta
que estén blandos, unos 15-20 minutos
si la fruta está entera, y 10-15 minutos si
está partida por la mitad.
3 Retirar los albaricoques y ponerlos en
un recipiente. Hervir el líquido a fuego vivo
durante 8-10 minutos para hacer un almíbar
fino. Echarlo sobre los albaricoques y dejar
enfriar. Servir frío o caliente, con una buena
bola de helado de vainilla y un trozo de vaina
de vainilla para decorar.

• Cada ración contiene: 356 kilocalorías,
2 g de proteínas, 62 g de carbohidratos,
0 g de grasa, 3 g de grasas saturadas,
3 g de fibra, 46 g de azúcar, 0,03 g de sal.

Refrescante y aromática, el granizado es un postre que se podría clasificar como bebida o sorbete. Si no se tiene agua de rosas, se puede usar licor de flor de saúco.

Granizado de frutas

GRANIZADO DE MELÓN Y ROSA
1 melón maduro partido por la mitad
   y sin pepitas
140 g de azúcar para repostería
600 ml de agua
unas gotas de agua de rosas (también
   puedes usar licor de flor de saúco)
pétalos de rosa para decorar (opcional)

GRANITA DE LIMÓN
3 limones
140 g de azúcar para repostería
ralladura de limón para decorar

20 minutos más el tiempo de congelado
• 4 raciones

1 Triturar el melón, el azúcar y el agua de rosas. Añadir el agua y batir hasta conseguir una mezcla homogénea. Colar y pasarla a un recipiente de plástico. Enfriar durante 3 horas, hasta que esté casi congelado. Remover con un tenedor, y enfriar de nuevo. Remover de vez en cuando hasta que esté helado, pero no sólido. Servir decorado con pétalos de rosa.

2 Para el granizado de limón, triturar los limones, el azúcar y el agua. Colar el líquido y congelarlo en un recipiente poco profundo. Remover hasta conseguir una textura homogénea. Congelar durante 2 horas hasta que esté helado. Servir decorado con ralladura de limón.

• Cada ración contiene: 170 kilocalorías, 1,1 g de proteínas, 43,6 g de carbohidratos, 0,3 g de grasa, 0 g de grasas saturadas, 1,7 g de fibra, 43,6 g de azúcar añadido, 0,04 g de sal. • Cada ración de limón contiene: 151 kilocalorías, 0,7 g de proteínas, 38,9 g de carbohidratos, 0,2 g de grasa, 0 g de grasas saturadas, 0 g de fibra, 38,9 g de azúcar añadido, 0,01 g de sal.

Para preparar este postre hay que ponerlo en el congelador
sin tapar hasta que tenga una textura firme. Así cuando se tape
no se aplastará.

Semifrío de limoncello y frambuesa

PARA EL SEMIFRÍO

100 g de frambuesas frescas
o congeladas (previamente
descongeladas)

85 g de azúcar para repostería

285 ml de nata líquida

4 cucharadas de licor limoncello

400 ml de crema de leche
unas frambuesas para decorar

PARA EL COULIS

225 g de frambuesas frescas
o congeladas (previamente
descongeladas)

2 cucharadas de azúcar para repostería

2 cucharadas de licor limoncello

20-25 minutos más el tiempo de
descongelación y congelación
• 8 raciones

1 Forrar un molde rectangular con papel de
horno. Triturar las frambuesas y la mitad del azúcar
en un cuenco. En otro, mezclar con suavidad
la nata líquida, el resto de azúcar y el limoncello.
Batir un poco la crema de leche y echarla a la
mezcla, e incorporar las frambuesas trituradas.
Disponer en el molde y alisar la superficie. Para
preparar el coulis, majar las frambuesas, el azúcar
y el limoncello, y pasarlo por el tamiz.
2 Congelar el semifrío destapado, luego taparlo
con plástico transparente y dejarlo toda la noche
congelado para que esté firme.
3 Para servir, descongelar el semifrío en la
nevera 1 hora. Desmoldar y retirar el papel.
Rociar un poco de coulis y decorar con las
frambuesas.

• Cada ración contiene: 461 kilocalorías, 2 g
de proteínas, 23 g de carbohidratos, 39 g de grasa,
24 g de grasas saturadas, 1 g de fibra, 19 g de azúcar
añadido, 0,06 g de sal.

Para «emborrachar» un poco este postre, hay que salpicar las frutas
con unas cucharadas de armagnac o coñac antes de asarlas.

Higos caramelizados con pistachos

8 higos maduros
una nuez generosa de mantequilla
4 cucharadas de miel clara
4-5 cucharadas de coñac
un buen puñado de pistachos
    pelados o almendras
1 cucharadita de canela o de especias
    variadas molidas
queso mascarpone o yogur griego
    para servir

10 minutos • 4 raciones

1 Precalentar el gratinador a temperatura media.
Practicar dos cortes profundos en cruz en cada
higo y separar la parte superior para que se abra
como una flor.
2 Colocar los higos en una bandeja para horno
y poner un trozo de mantequilla en el centro de
cada fruta. Rociar la miel y el coñac por encima,
y espolvorear los frutos secos y las especias.
3 Asar durante 5 minutos hasta que los higos
estén blandos y la miel y la mantequilla formen
una salsa densa en el fondo de la bandeja.
Servir caliente con unas cucharadas de queso
mascarpone o yogur.

• Cada ración contiene: 222 kilocalorías,
3,7 g de proteínas, 25,1 g de carbohidratos,
8,9 g de grasa, 2,6 g de grasas saturadas,
1,8 g de fibra, 23,9 g de azúcar, 0,07 g de sal.

El final ideal de una cena: esta combinación perfecta de postre divino, café y moscatel es muy fácil de preparar.

Crema de chocolate con café y moscatel

250 g de queso mascarpone
4 cucharadas de azúcar glas
200 g de natillas de vainilla
25 g de chocolate amargo rallado
la corteza rallada de 1 naranja

PARA SERVIR
6 tazas de café fuerte
37,5 cl de moscatel (suficiente para 6 vasos)
250 g de galletas cantuccini (galleta italiana dura y pequeña de almendra)

10 minutos • 6 raciones

1 Disponer el queso mascarpone en un cuenco y batir con una cuchara de madera para ablandarlo. Añadir el azúcar glas y las natillas, y remover hasta conseguir una textura homogénea.

2 Incorporar el chocolate y la ralladura de la naranja. Repartir la mezcla en seis vasos pequeños, tapar y dejar enfriar.

3 Cuando esté listo para servir, hacer el café y servirlo junto con crema de chocolate con un vaso de moscatel y las galletas para mojar.

• Cada ración contiene: 263 kilocalorías, 3 g de proteínas, 13 g de carbohidratos, 23 g de grasa, 14 g de grasas saturadas, 0 g de fibra, 10 g de azúcar, 0,15 g de sal.

Una aromática delicia para un día caluroso de verano: ligera
para el paladar y para la línea.

Melocotones asados con agua de rosas

6 melocotones maduros partidos
    por la mitad y sin hueso
el zumo de 1 naranja
2 cucharadas de agua de rosas
100 g de azúcar para repostería
2 ramas de canela troceadas
helado de vainilla para servir

30 minutos • 6 raciones

1 Precalentar el horno a 220 °C/gas 7/
convección 200 °C. Colocar los melocotones,
con la parte cortada hacia arriba, en una fuente
de horno grande, poco honda y refractaria,
para que la fruta quede bastante asentada.
2 Mezclar el zumo de naranja y el agua
de rosas, verterlo sobre los melocotones
y espolvorear generosamente el azúcar.
3 Incorporar la canela y hornear durante
20 minutos hasta que los melocotones
estén tiernos. O como alternativa, envolverlos
en papel de aluminio y asarlos a la barbacoa.
Servir caliente o frío con helado de vainilla.

• Cada ración contiene: 106 kilocalorías,
1 g de proteínas, 27 g de carbohidratos,
0 g de grasa, 0 g de grasas saturadas,
2 g de fibra, 27 g de azúcar, 0,01 g de sal.

El turrón español, hecho con almendras y miel, aporta el dulzor. Comprar el de calidad suprema que contiene casi dos terceras partes de almendras.

Helado de turrón con pasas y jerez

PARA LA SALSA
250 ml de jerez muy oloroso dulce
50 g de pasas de Corinto

PARA EL HELADO
500 ml de leche entera
1 vaina de vainilla cortada a lo largo
6 yemas de huevo
300 ml de nata para montar,
    ligeramente montada
140 g de turrón blando troceado
    en pedazos pequeños

20 minutos más 2 días para que se empape de la salsa y el tiempo de congelación del helado • 6 raciones

1 Remojar las pasas en el jerez durante 1-2 días.
2 Calentar la leche a fuego lento con las semillas y la vaina de la vainilla. Batir los huevos en un recipiente e incorporar la leche caliente. Batir de nuevo y verterlo en una cazuela. Remover a fuego lento 3-4 minutos para que coja un poco de cuerpo. Pasar a un cuenco y dejar enfriar. Mezclar con la nata y el turrón.
3 Hacer el helado con una heladera eléctrica, o poner la mezcla en un recipiente de plástico, tapar y congelar unas 2 horas y media hasta que esté casi firme. Batir la mezcla, congela otras 2 horas y agitar de nuevo. Dejarlo toda la noche para que solidifique. Poner el helado en la nevera 30 minutos antes de servir con jerez y las pasas.

• Cada ración contiene: 479 kilocalorías, 8,7 g de proteínas, 32 g de carbohidratos, 30,9 g de grasa, 15,8 g de grasas saturadas, 0,2 g de fibra, 31,9 g de azúcar, 0,23 g de sal.

Para ganar tiempo, estas tartaletas pueden prepararse unas horas antes y dejarlas en la nevera hasta el momento de hornear.

Tartaletas de melocotón y almendras

100 g de almendras molidas
100 g de mantequilla fundida
1 huevo
50 g de azúcar para repostería
250 g de masa de hojaldre
3 melocotones partidos por la mitad, sin el hueso y cortados en láminas finas

50 minutos • 4 raciones

1 Batir en un cuenco las almendras, la mantequilla, el huevo y la mitad del azúcar. Estirar la masa hasta conseguir un grosor de una moneda y cortar 4 círculos de unos 13 cm de diámetro. Disponerlos en una bandeja para horno y cubrirlo con una cucharada de la mezcla de almendras y las láminas de melocotón. Antes de hornear, enfriarlas unos 10 minutos. Precalentar el horno a 220 ºC/gas 7/convección 200 ºC.

2 Hornear las tartaletas durante 10 minutos y retirarlas del horno. Espolvorear el azúcar restante, cubrir con papel de horno, poner encima otra bandeja para horno, y voltearla, de modo que las tartaletas queden al revés.

3 Hornear 5-10 minutos más hasta que la masa esté crujiente y los melocotones, caramelizados.

• Cada ración contiene: 672 kilocalorías, 12 g de proteínas, 44 g de carbohidratos, 51 g de grasa, 20 g de grasas saturadas, 3 g de fibra, 21 g de azúcar, 0,94 g de sal.

Una tarta con un ligero toque de licor que se deshace en la boca, el final perfecto para una cena entre amigos.

Tarta de ciruela al limoncello

500 g de pasta brisa lista para cocinar
la corteza y el zumo de 2 limones
4 cucharadas de nata líquida
100 g de almendras molidas
200 g de azúcar para repostería
5 huevos
100 g de mantequilla fundida
8 cucharadas de licor limoncello
6 ciruelas sin el hueso y partidas
    en cuñas
azúcar glas para espolvorear

1 hora-1 hora 15 minutos más el tiempo
de enfriar • 12 raciones

1 Estirar la masa y cubrir un molde de tarta desmontable de 25 cm de diámetro y de unos 3-4 cm de profundidad. Enfriar por lo menos media hora.
2 Precalentar el horno a 180 °C/gas 4/convección 160 °C. Cubrir la masa con papel de aluminio, poner encima alubias, y cocer durante 15 minutos. A continuación, retirar las alubias y el papel.
3 Colocar en una fuente la corteza y el zumo de limón, la nata líquida, las almendras, el azúcar, los huevos y la mantequilla fundida y batir hasta conseguir una textura homogénea, y luego mezclar con el limoncello. Poner las ciruelas en la base de la tarta y verter la mezcla. Hornear durante 20-30 minutos hasta que la crema esté cuajada. Dejar enfriar y espolvorear el azúcar glas antes de servir.

• Cada ración contiene: 924 kilocalorías, 14 g de proteínas, 83 g de carbohidratos, 57 g de grasa, 25 g de grasas saturadas, 4 g de fibra, 38 g de azúcar, 0,86 g de sal.

Esta tarta italiana es mejor servirla fría, ya que las natillas calientes y recién sacadas del horno pueden estar todavía un poco líquidas.

Tarta con pasas de Corinto y piñones

100 g de pasas de Corinto
4 cucharadas de ron o de coñac

PARA LA MASA
300 g de harina
140 g de mantequilla sin sal y cortada en trozos
50 g de azúcar glas
1 huevo

PARA LAS NATILLAS
5 yemas de huevo
140 g de azúcar para repostería
1 cartón de 284 ml de nata líquida
½ cucharadita de extracto de vainilla
85 g de piñones
azúcar glas para espolvorear

1 hora aproximadamente más una noche remojar y 1 hora para enfriar
• 6-8 raciones

1 Poner las pasas en remojo en ron o en coñac la noche anterior.
2 Mezclar la harina, la mantequilla, el azúcar glas y el huevo en un robot de cocina hasta conseguir una masa, y extenderla en un molde de tarta de 25 cm. Enfriar durante 1 hora. Precalentar el horno a 180 °C. Hornear la masa (cubierta con papel de aluminio y alubias) durante 10 minutos. Retirar el papel y las alubias.
3 Batir las yemas con el azúcar hasta que se aclare el color y espese. Añadir la nata y la vainilla. Escurrir las pasas y esparcirlas sobre la masa junto con 50 g de piñones. Verter la crema en el molde y cocer durante 25-30 minutos hasta que los bordes adquieran un color dorado. Dejar enfriar y espolvorear los piñones restantes y el azúcar glas.

• Cada ración contiene: 811 kilocalorías,
13 g de proteínas, 87,6 g de carbohidratos,
45,3 g de grasa, 20,9 g de grasas saturadas,
2,2 g de fibra, 49,4 g de azúcar, 0,12 g de sal.

Un postre que contiene una masa gustosa, un relleno cremoso
y unas fresas jugosas solo puede ser sinónimo de éxito.

Tarta de vainilla y fresas

250 g de pasta brisa lista para cocinar

PARA LA CREMA PASTELERA
5 yemas de huevo
2 cucharaditas de azúcar de vainilla
100 g de azúcar para repostería
50 g de harina
425 ml de leche
25 g de mantequilla

PARA EL ACABADO
500 g de fresas, preferentemente
    pequeñas, sin el tallo y partidas
    por la mitad
2 cucharadas de gelatina de grosella
    roja o de membrillo

1 hora aproximadamente más el tiempo
de enfriar • 8 raciones

1 Precalentar el horno a 190 °C/gas 5/
convección 170 °C. Extender la masa en un
molde de tarta poco profundo de 23 cm. Cubrir
con papel de aluminio y alubias y cocer durante
10 minutos; retirar el papel y las alubias y cocerla
pasta otros 5 minutos. Dejar enfriar, retirar del
molde y ponerla en una rejilla.
2 Batir las yemas, la vainilla y los azúcares hasta
que se aclare el color y espese, agregar la harina
y remover. Hervir la leche y batirla con las yemas.
Calentar la leche removiendo a fuego lento.
Cuando espese, cocer 2 minutos más.
3 Retirar del fuego y mezclar con la mantequilla.
Dejar enfriar. Disponer la masa en un plato para
servir, extender la crema y colocar encima las
fresas. Calentar la gelatina con una cucharada
de agua y verterla sobre las fresas para glasear.

• Cada ración contiene: 345 kilocalorías,
6 g de proteínas, 43 g de carbohidratos,
17 g de grasa, 6 g de grasas saturadas,
1 g de fibra, 26 g de azúcar, 0,30 g de sal.

Una forma nueva de preparar un postre clásico: la masa y la fruta forman una deliciosa mezcla de texturas.

Tarta de albaricoque y crema tostada

PARA LA MASA

140 g de mantequilla

100 g de azúcar para repostería

250 g de harina

25 g de almendras molidas

1 huevo batido

PARA EL RELLENO

250 g de orejones de albaricoque

175 ml de vino de postre dulce

100 g de azúcar para repostería,
    más 4 cucharadas para tostar

1 cartón de 284 ml de nata líquida

1 vaina de vainilla partida y con las
    semillas raspadas

4 huevos batidos

3 horas • cortada en 10 porciones

1 Mezclar la mantequilla y el azúcar, añadir la harina, las almendras y el huevo para hacer una masa; envolverla y enfriar 30 minutos. Llevar a ebullición el vino y el azúcar y remojar los albaricoques. Hervir la nata y la vainilla y reservar. Precalentar el horno a 220 °C.

2 Extender la masa en un molde de tarta de 23 cm. Hornearla 20 minutos cubierta con papel de aluminio y alubias. Hornear otros 5 minutos sin el papel. Retirar la masa y reducir la temperatura del horno a 160 °C.

3 Mezclar la nata y los huevos. Escurrir los albaricoques y verter el líquido en los huevos. Poner los albaricoques en la masa. Verter los huevos por encima y hornear 30 minutos. Dejar enfriar, esparcir 4 cucharadas de azúcar por encima y quemar con una plancha para caramelizar.

• Cada ración contiene: 510 kilocalorías, 8 g de proteínas, 52 g de carbohidratos, 30 g de grasa, 17 g de grasas saturadas, 3 g de fibra, 20 g de azúcar, 0,42 g de sal.

La polenta y las almendras molidas sustituyen a la harina
para preparar un pastel muy esponjoso con una textura granulosa.

Pastel de polenta y almendras

225 g de mantequilla ablandada,
   y un poco más para engrasar
una pizca generosa de hebras
   de azafrán
1 cucharada de agua caliente
225 g de azúcar para repostería
4 huevos medianos
½ cucharadita de extracto de almendra
125 g de polenta instantánea
100 g de almendra rallada
1½ cucharadita de levadura en polvo
azúcar glas para espolvorear

1 hora • 8-12 raciones

1 Precalentar el horno a 180 °C/gas 4/
convección 160 °C. Engrasar un molde de tarta
de 24 cm de diámetro y 5 cm de profundidad y
forrarlo con papel de horno. Remojar las hebras
azafrán en el agua caliente.
2 Batir el resto de ingredientes, excepto el
azúcar glas, con una batidora eléctrica hasta
obtener una masa ligera y esponjosa. Escurrir
el agua del azafrán y mezclarlo con la masa.
3 Verter la mezcla el molde, nivelar la superficie
y cocer 45 minutos. Dejar enfriar el pastel en el
molde durante unos 30 minutos, a continuación
sacarlo y retirar el papel de horno. Ponerlo en
una rejilla para que se enfríe del todo. Antes de
servir· espolvorear azúcar glas por todo el pastel.

• Cada ración contiene: 492 kilocalorías,
7 g de proteínas, 44 g de carbohidratos,
33 g de grasa, 6 g de grasas saturadas,
1 g de fibra, 30 g de azúcar, 0,95 g de sal.

Las galletas ideales para servir con el té de menta magrebí.

Galletas de almendra

1 huevo
100 g de azúcar glas, y un poco más
    para moldear
1 cucharadita de levadura en polvo
200 g de almendras molidas
½ cucharadita de agua de rosas
12 almendras blancas enteras

30 minutos • 12 galletas

1 Precalentar el horno a 180 °C/gas 4/
convección 160 °C. Mezclar todos los
ingredientes, excepto las almendras blancas,
para conseguir una pasta densa.
2 Con la masa hacer bolitas, aplastándolas
sobre el azúcar glas, de modo que queden
generosamente cubiertas. Poner una almendra
en el centro de la galleta.
3 Colocarlas en una bandeja para hornear
engrasada y cocer durante 15 minutos
hasta que estén firmes y adquieran un color
ligeramente dorado.

• Cada ración contiene: 149 kilocalorías, 4 g
de proteínas, 10 g de carbohidratos, 10 g de grasa,
1 g de grasas saturadas, 1 g de fibra, 9 g de azúcar
añadido, 0,15 g de sal.

El azafrán, los cítricos y las almendras son productos españoles; juntos dan un bizcocho suave, de color amarillo, con un sabor ácido y una textura esponjosa.

Bizcocho de azafrán al estilo español

150 ml de leche caliente

una pizca generosa de hebras
  de azafrán

175 g de mantequilla cortada en trozos,
  y un poco más para engrasar

350 g de harina con levadura tamizada

100 g de almendras molidas

140 g de azúcar para repostería

2 huevos batidos

la corteza rallada de 1 naranja
  y 6 cucharadas de zumo de naranja
  (de unas 2 naranjas)

50 g de piel de naranja y de limón
  caramelizado

1-2 cucharadas de miel clara
  para glasear

1 hora 30 minutos aproximadamente,
más 1 hora para remojar • 12 trozos

1 Remojar el azafrán en la leche caliente durante 1 hora. Precalentar el horno a 170 °C/gas 3/ convección 150 °C. Engrasar un molde de 25 x 13 x 6 cm.

2 Mezclar la mantequilla con la harina y agregar las almendras y el azúcar, y remover. Mezclar los huevos batidos, la corteza y el zumo de naranja, la piel de naranja y de limón caramelizada y la leche con azafrán, y mezclar bien. Echar en la mezcla de harina y batir. Volcar en el molde. Hornear durante 1 hora-1hora 15 minutos.

3 Dejar que se enfríe el bizcocho en el molde durante 10 minutos. Desmoldarlo, poner sobre una rejilla y pintar la parte superior con miel. Cuando esté frío, cubrirlo con papel de aluminio y guardarlo en un envase hermético. Es preferible cortarlo pasados un par de días.

• Cada ración contiene: 344 kilocalorías,
6 g de proteínas, 41 g de carbohidratos,
18 g de grasa, 9 g de grasas saturadas,
2 g de fibra, 16 g de azúcar, 0,63 g de sal.

Para garantizar el mejor sabor en esta receta tradicional italiana,
se recomienda utilizar aceitunas gordas de primera calidad.

Pan de olivas

650 g de harina de fuerza
7 g de levadura fácil de disolver
1 cucharadita de sal marina fina
3 cucharadas de aceite de oliva
250-275 ml de agua caliente
140 g de aceitunas verdes y negras
    sin hueso (peso total) y cortadas en
    trozos pequeños

1 hora aproximadamente más el tiempo
de subir • 1 barra grande

1 Mezclar la harina, la levadura, la sal, el aceite y
la mayoría del agua para formar una masa
consistente y viscosa. Añadir un poco de agua.
Amasarla durante 10 minutos y agregar las
aceitunas. Tapar la masa con un trapo de cocina
limpio y húmedo, y dejar que suba hasta que
doble su tamaño (entre 1 hora 15 minutos
y 1 hora 30 minutos).

2 Amasar de nuevo durante 2-3 minutos.
Enrollar la masa como si fuese una salchicha
y doblarla por la mitad para hacer una pieza de
30 cm. Retorcer una vez y apretar los extremos
para cerrar. Cubrir y dejar reposar durante 30
minutos hasta que la masa doble su tamaño.
Precalentar el horno a 200 °C/gas 6/convección
180 °C. Pintar el pan con un poco de agua
y hornear durante 30 minutos.

• Cada barra de pan contiene: 2.669 kilocalorías,
79 g de proteínas, 490 g de carbohidratos,
58 g de grasa, 8 g de grasas saturadas,
24 g de fibra, 0 g de azúcar, 13,07 g de sal.

Índice

Créditos de fotografías y recetas

BBC Books quiere expresar su agradecimiento a las siguientes personas por haber proporcionado las fotografías que ilustran este libro. Aunque nos hemos esforzado al máximo por investigar la procedencia de todas ellas, queremos pedir disculpas a sus autores si se ha producido algún error u omisión.

Marie-Louise Avery p. 141, p. 193; Steve Baxter p. 29; Martin Brigdale p. 25; Peter Cassidy p. 13, p. 77, p. 119, p. 125, p. 129, p. 135; Jean Cazals p. 57, p. 111, p. 133, p. 145, p. 205; William Heap p. 33, p. 45; William Lingwood p. 19;

Jason Lowe p. 101; Gareth Morgans p. 11, p. 21, p. 23, p. 35, p. 37, p. 39, p. 73, p. 75, p. 79, p. 91, p. 123, p. 149, p. 151, p. 155; David Munns p. 17, p. 63, p. 65, p. 81, p. 87, p. 115, p. 127, p. 167, p. 169, p. 191; Myles New p. 147; Mike Pope p. 179; William Reavell p. 165; Craig Robertson p. 27, p. 71, p. 103, p. 183, p. 189; Maria Jose Sevilla p. 93, p. 173, p. 177; Roger Stowell p. 97, p. 117, p. 121, p. 137, p. 139, p. 143, p. 175, p. 181, p. 201, p. 211; Simon Walton p. 195; Fran Warde p. 99; Cameron Watt p. 203; Philip Webb p. 15, p. 31, p. 47, p. 51, p. 53, p. 59, p. 61, p. 67, p. 69, p. 83, p. 85, p. 89, p. 94, p. 113, p. 153,

p. 159, p. 161, p. 163, p. 171, p. 185, p. 199, p. 209; Simon Wheeler p. 41, p. 43, p. 157; Kate Whitaker p. 55, p. 109; Geoff Wilkinson p. 131; Anna Venturi.

Todas las recetas de este libro han sido creadas por el equipo editorial de *BBC Good Food Magazine* y colaboradores habituales.

También desea expresar su agradecimiento a Mary Cadogan por permitirnos usar las siguientes recetas: *Printanière de cordero* p. 174, *Langostinos al estragón* p. 116, y *Tarrina de cerdo con jamón y orégano*, p. 114.